夢の夢　裏の裏
いつでもソクラテス
365日の哲学

内田賢二

元就出版社

装幀――クリエイティブ・コンセプト

はじめに

人はこの世間でいろいろな困難に遭遇する。その原因を探し、それなりに解釈し、納得して過ごしてはいるが、我々は本当の原因を探し当てたと言えるのだろうか。少年の頃より半世紀以上の間、「人とは、人生とは」を考えて過ごしてきて、つくづく思い当たるのは、人間は不完全に、壊れたままで生まれてきたのだということである。そしてこのことが人生の困難の本当の原因なのだと知ったのである。

人間が自他共に壊れているのなら、考え深い人なら人間社会は修復しなければ阿鼻叫喚の修羅場なのだと悟り、浅はかな人なら人間社会を楽観的に見て行動することになるから、その挙句の果てに愚かな自分の失敗を償うことになる。結局、これが我々の人生の現実なのである。

人間は数千年の昔から何が正しいかは解っているのであるが、人はそれを実行しようとはしないどころか、まるで失敗を期待し、不幸を待っているように生きているのである。歴史上の知的巨人が、叫ぶが如く正しいことを語っても、冷笑と共に無視してきたのだから、「完全な者として修復されていない不完全な人間」が完全な者としてふるまい、決断し、生活をしている社会になったのである。

人が完全に向かって修復されるためには、ソクラテスが『自分が無知であることを知ることによって「無知の知」を得るのだ』と教えたように、我々もまず自分が壊れていると自覚しなければならない。そのために本文の大部分では人間はどのように壊れているかを、意図的に毎日違う問題として、三百六十五日に分けて考察しているので参考にされたい。次に完全へ向かって修復していく方法も記載したが、当然、そこでは人間観察と哲学的瞑想がその基礎になっている。そして長い修復の努力のうちに、ある日、突然に、瞬間的直感によって、長年にわたる人生の疑問が解けることになるだろう。

なお、巻末に小論文数編と「私の哲学」の抜粋を載せてあるので、本文が短いために理解しにくい時は、最初に読んでいただければ幸いである。

どうか悟性の舟にのり
　罠多き海を越えて
　　平穏無事の島に
　　　行くことを祈る

平成十三年　晩秋

著　者

解題版『３６５日の哲学』について

かねてより、人間の実存としての生を表現するには、アフォリズムの形式を取ったほうが解りやすいと思っていたが、それでも、一部に理解しにくい点があるので、『いつでも　ソクラテス』にあえて補足説明を加筆することになった。提起した問題によっては解題ではなく、また新たな問題を呼び起こしたところもあるが、言葉の上に言葉を重ねることを避けて、それ以上の説明をしなかった。哲学的断片としての表現形式を保ちたいためである。

思えば、今我々を取り巻く状況は、文化的にはもちろんのこと、政治的、経済的にも明確な未来像を描けずに、人々の「生」は日々に流されて満足してしまい、次の段階の新しい人生の目標が定まらないという、むしろ不安定な状態である。人間は目標を定めて歩き出した時に真の人生の充実があるのだから、このような時代は無気力な人生となり易く、独立自尊の勇気ある人生は消え失せてしまうのである。

壊れて生まれた人間が修復の旅に出ることは、人間としての務めなのだから、少しでも早く、善く生きるための冒険の旅に出て、もう一つ上の段階の人生を目指すことで、生の充実を期待しなければならない。この旅を拒否しても、低次の段階に留まって、壊れた人生を送るのだから。

酔生夢死　それも人生
善く生きる　冒険の旅
一つ上の　これが人生

平成十六年　初春

著者

『夢の夢・裏の裏　いつでもソクラテス』について

思うところあって六十七歳の時に『いつでもソクラテス』を書き、七十一歳の時に、その解題版『366日の哲学』を世に出して、八十三歳の今、『夢の夢・裏の裏　いつでもソクラテス』を書き上げることになった。もとより、六十七歳時の初版本が基本になっていて、これに年齢と共に知りえた知見のうち、百二十五個所を加筆したもので、重複もあるが、それなりに理解しやすくなっている。

思えば生涯かけて一つのテーマ、「人とは何者か」を追い求め、一つの書籍を再三にわたり作り上げてきたのは、苦労しながらも、なお善く生きようと、知の冒険の旅に出る者が、必ずいると信じたからである。また、夢の夢にいて、裏の裏で学んだ智恵を使って、正夢を見ようとする者が、必ずいると信じたからである。

夢の夢とは、本文で繰り返し詳説しているように、人はみな虚構の中で、真善美を物語ることで辛うじて生活しているが、もしも、この普遍価値の真善美がなくなると、人は幻想世界に生きて幻の如き人生になるのだから、虚構という夢の中で真善美を求めることだけが、夢の中の真の夢、正夢になると思うからである。

裏の裏とは、人間社会の裏側に潜む虚構を探求し、その虚構の物語を深く悟ったなら、その裏側に留まらずに、そこで得た智恵をもって、その裏側の、この現実世界に戻り、静かに暮らすのが一番良い。そうすれば起承転結がよく見えて、何の不安もなく、望み通りの幸せな生涯になるという意味である。

夢も裏も知り尽くして、苦に沈む世間の人々、自分の苦しみの道理も解らずに困惑している人々を助けながら、善く生きるための知の冒険の旅を続ける人に、限りなくエールを送りたい。

夢の夢、よくわかり
今も夢中の、正夢の夢

裏の裏、よくみえて
これは権内*、あれは権外

*ローマの哲学者エピクトスの言葉、59日参照。

平成二十九年　春

著　者

夢の夢　裏の裏　いつでもソクラテス——目次

1日

世間では二〜三年先を言えば利巧者で通る。十年先を言えば馬鹿者呼ばわり。五十年先を話せば狂人扱いである。百年先を考えて行動に移せば、当然のように殺される。

◆歴史を紐解けば、正しい事を語ったために抑圧され、正しい行動のために殺されることもあるとわかる。坂本竜馬は「船中八策」を書いて百年後を語り、それを実行しようとして慶應三年十一月十五日に暗殺されたのであった。弁護士であり代議士でもあった斎藤隆夫は、十年先の時代を読んで、昭和十一年に国会で粛軍演説、昭和十五年に反軍演説をおこなったために、他の代議士からの馬鹿者呼ばわりの罵声の中で、衆議院議員を除名されたのであった。

政治の世界だけでなく日常生活の中でも、大衆は時代の流れを理解して判断することが出来ないために、善く知り善く行動する者は攻撃されて困難に会う。

●船中八策　幕末の志士坂本竜馬が船の中で起草した八ヵ条の議会開設を含む近代国家構想。

●斎藤隆夫　明治から昭和にかけての政治家（一八七〇〜一九四九）、代議士として軍部の責任追求の反軍演説で有名、戦後に国務相を歴任。

※4、322日参照。

2日

やくざな人間の最後の拠《よ》り所は、愛国者に成ることであるという。世のため、人のためと言いくるめて、自分の野望を果たすわけである。

◆やくざな人間とは「組織的ヤクザ」のことだけを言うのではなく、自分自身の心中や、知人、隣人の内に潜むやくざ的心情を問題にしているのである。これは社会のあちこちに愛国者としての顔だけでなく、政治的指導者、経済的指導者、善良な隣人の顔をした多彩な人物として出現する。
公のためと偽って私腹を肥やす一部の高位高官のマフィア、福祉のためと言い立てる偽善者の市民マフィアが、庶民からの富の略奪者になり、国を売る愛国者になるのである。「一部の政治マフィア、官僚マフィア、市民マフィア」は、いつも耳に心地好い偽善の言葉で庶民を騙すのだから、一目で犯罪者とわかる「組織的ヤクザ」よりもタチが悪いとも言えるのだ。

●マフィア　シチリア島の大地主が農民を抑圧支配するために組織した無法者を意味したが、今では、転じて暴力的犯罪組織をさす。豊富な知識を使って市民を騙すソフィスト達（詭弁家）も、知的暴力による犯罪組織である。

●偽善者
最近の事件を見ても、登山安全講習会に集まった生徒が、雪崩のために八人が死亡し、小学校の保護者会会長が女子児童を殺している。安全を教えるからと、生徒を集めて多数が死に、児童を守る側の代表が少女を殺しているのだから、これほどの偽善を知らない。

庶民はかねてより支配者になりたがり、指導をしたがる人間に不審を抱いていて、なりたがる人間よりも、人の支配、指導することの重大さを知って、地位に就くのを逃げ回る人間を探してきて支配、指導してもらいたいと思っている。

支配者、指導者の一部政治家や官僚も、できないことを約束して公約を破っているのだから、先進国に現れた反知性主義も、この偽善の反感から来ているので、指導者たちが知性豊かに見せて、知性に似た非知、ソクラテスが指摘した無知、あの思惑の無知を述べているにすぎないと判っているのだ。これからも偽善者の非知性に反対する反知性主義の勢いを増していくだろう。

3日

知るということにも深さがある。耳に聞こえた程度の知ることから、知ったからにはもう元の生活に戻れず、その後の人生が変わってしまうほどの深い知り方もある。

◆人間は、初めから壊れて生まれてきたために、基本的な学習をしなければ無知な存在である。その無知が織り成す「誤解」によって辛うじて物事を認識しているのだから、人が「深く思い知る」のは、つくづく困難な作業であると思う。

誤解と言えば、最近の新聞紙上を賑やかす平和主義者も怪しげな人達が多い。平和の時代に平和、平和と主張するのは、偽の平和主義者であり、戦争中に戦争、戦争と主張する人と同様に、無知から出発して、ついに幻想を抱くに至った人達なのである。真の平和主義者とは、戦争中に平和を考える人であり、平和の中で戦争を考える人である。

我々の周辺には、このような問題が無数に存在していて、幻想にとらわれた有名人が、今も誤った発言を繰り返している。我々は、無知を克服して、いつも深く知ることが必要なのだ。

4日

大衆と庶民の区別は簡単である。大衆は熱狂し、その判断は冷たい。庶民はさめた分別と共に冷静であって、その判断は暖かい。

◆現在は大衆が一部の指導層を占拠したので、社会のあちこちに幼児化現象が見られるが、幼児はすぐに熱狂し残酷な行動をとるのが特徴である。大衆がすぐに徒党を組むのも、役職をなんでも欲しがるのも幼児化現象であり、それに大衆は善悪ではなく強弱のパワーゲームの信奉者でもあるから、当然、普遍価値は認めない。そのため、真・善・美をめざして行動するような向上心もない。

一方庶民は、不完全な自分は間違っているかもしれないと思い、知らないことに対しては畏敬《いけい》の念を持って接して、いつも真実を知りたいと向上心を燃やしながら、節度ある態度をとる人々なのである。また、自分の愚かさを冷静に笑うだけの余裕のある人々が庶民だから、他人に対する判断も暖かい。反対に大衆は無知を指摘されても、知らないのがなぜ悪いと構えるのが常であり、その判断基準は善悪ではなく、ただ優劣だけだから、当然、弱者を冷笑し、他人に対する判断は冷たいものになる。

もちろん、我々自身の中にも庶民と大衆が混在していて、庶民の分身はいつも苦戦を強いられているのだが、「大衆行動を懐疑すること」により、危うくバランスをとって存在しているのである。

●庶民　我が身を試さんと修復に努力して、冒険の旅に出る精神の貴族たち。
●大衆　向上心もなく、壊れている自分を修復しようとしない浮き草の人たち。
※1、322日参照。

5日

手段が目的化すると虚無になる。政治家は権力の獲得に奔走し、経済人は富の蓄積に努めるが、富も権力も手段であって、これを使って最大多数の最大幸福を計るのが目的なのだから、現状は虚無に近い。

◆権力も富もあくまで道具であって、その道具を使って何をするのか、何をしたいのか、その「意志の内容」が政治家や経済人の目的なのだが、いつのまにか道具の獲得だけが目的になってしまった人たちがいるのである。

これでは美しい食器に魅せられて、食器は、食物を食べてこの身を養う「善く生きるための道具」であることを忘れ、趣味の領域を越えてまでも蒐集にこだわって、これが病になった人たちと同様である。目的をはっきり認識しないと、手段を目的と間違えて幻想の病にかかり虚無となるのである。

6日

能力が無いと思うのも一つの大きな能力である。無能力と思い込んだ人たちは暖かく寛容であり、社会の一隅を照らしている。能力ありと奢《おご》り高ぶった人たちの悪を見よ。

◆幾ら学問を積んで知識を蓄《たくわ》えても智恵はつかない。智恵は、たとえ耳学問でも自分の頭の中でよく考えた人に備わるのである。学歴もなく知識もないから無能力と思い込んでいる人の中にも、智恵のある暖かい人たちが沢山いる。反対に高学歴で知識も豊富な一部の人が、たとえ高位高官に登っても、智恵のないために失敗していることは、毎日の新聞紙上で読む通りである。

先人は「会合で上席に座っている者にろくな者はいない」と言ったが、彼らは他人に話しかけるのは巧《うま》いが、自分の心、魂に話しかけることはなかったので、智恵がつかなかったのだ。

7日

何をしたら良いか、人生の目的がわからないと言う人がいる。それならば生涯に渡って探し続ければよい。「人生の目的は何か」を問い続けることが、人生の目的になったのだから。

◆敗戦後の混乱時代は生きていくのが難しい時代なので、生きていくことだけが人生の目的にもなったが、今では飽食の時代になり、生きる条件は十分に整ったのだから、「何を人生の目的にするか」が問われている。戦後の復興に関わった人々は、日本を再興し、生きる条件を作り出すことで、その生涯を終わったために、人の生き方である「善く生きること」を考える時間は少なかったのである。

善く生きるとは、真・善・美を求めて生きること。具体的には学問、芸術を尊び、それを創造することである。哲学について言えば、生涯にわたって「人生の目的は何か」を問い続けることが、哲学の目的の一つなのである。

8日

正しいことが世間に通らないのは簡単な理由による。世間の大多数の人々が正しいことをしたくないからである。エピクロスが「隠れて生きよ」と言ったのも故《ゆえ》あってのことなのだ。

◆大衆は、庶民と違って正しいことを求めてはいない。自分の希望（欲望）がいつも正しいのであり、世間には普遍価値と言うものはなく、面白可笑《おか》しく詩歌管弦の宴《うたげ》に暮れて、身すぎ世すぎで結構であると、徒党を組んで暮らしている。

また、大衆がわが身の姿と違う者を憎み、絶えず攻撃するのは、自分の考えを強要し、他人を自分の思い通りに支配したい迷妄なのだから、庶民は自分の人生を全うするために、大衆からの攻撃を避けながら、積極的に喜び勇んで、隠れて生きることが必要なのである。

●エピクロス　古代ギリシャの哲学者、快楽主義の祖。現在の快楽とは意味が違う「心の平静」が快楽と説く。他者に依存しない自由を重んじた。

9日

祭典も商業主義の「神のいない祭り」になった。伝統文化とは最高の真面目さをもった高貴な遊び（真・善・美）である事を忘れている。これでは、お祭りの低俗化とその精神の衰弱はますます進むだろう。

◆古代ギリシャと同様に、昔から我が国でもスポーツの祭典や食の祭典、花の祭典も、それぞれの神がいて、その神に対して安全や豊饒《ほうじよう》を感謝したのだが、いまでは神を排除して事業者が神の代弁者になっている。

貨幣経済を祭典の中心に据えれば、そこに誕生するのは、せいぜいの面白主義であり、神の表現する普遍価値（真・善・美）はたちまち消えてしまうのだから、間違った快楽主義に堕ちた人々に、真の喜びが生まれることはない。

※21、173、242日参照。

10日

人間は生まれながらに壊れているので、人生は修復の旅になる。完全であると思う人は、神ならぬやがて死すべき人間としての「汝自身を知れ」を思いだすべきである。

◆人間の奢《おご》りを戒め、節度を守らせるためにギリシャのアポロン神殿に「汝自身を知れ」と掲げられている。奢り高ぶりは人間の「病」の一つであり、人間が壊れている証拠でもあるのだ。このために絶えずこの戒めを思い出さないと、我々の行為をいつも適切な状態に保つことは困難なのである。

●アポロン神殿　ギリシャのデルフォイにあるアポロン神を祭った神殿。古代ギリシャ人は、ここの神託を最も重要視した。神殿に掲げられた碑銘のなかで「度を過ごすなかれ」と「汝自身を知れ」が有名。

11日

一芸に秀でた人は、なんでもできると思いがちだが、専門分野に没頭のあまり他のことはお留守になった欠陥人間も多い。人間の一日の持ち時間は誰も二十四時間である。

◆一芸に秀でて社会に貢献した人は、世間から尊敬されるが、ただ尊敬のあまり全人格的に尊敬されてしまい、社会の指導的立場をお願いすることがある。これは靴屋が帽子屋をするのと同じことになるから、失敗に終わるものだ。学識や技能は人格と関係なく存在しているのだから、専門以外の指導者になっても、人格的に失敗することも多いのである。

人格は「人格向上を目的に励んだ人」だけに見られるから、有名人だけでなく無名の平凡な人達の中にも、社会的地位と関係なく、多くの人格者を見出すことができる。人間は昔から、指導者と、その人格の乖離《かいり》に悩まされているのだ。

※220、325日参照。

12日

庶民の「高い地位には立派な人がいる」という思いは、時に裏切られる。徳性を捨てて権謀術策に生きた人間が、その高い地位に潜んでいるからである。

◆人は立身出世を望むが、それが高じて立身出世そのものが目的になってしまった人達がいる。人間は、立身出世し、「世のため人のため」にと人々の幸福を計るのが目的にならないと、人の足をひっぱり、出てくる頭を押さえる権謀術策の信奉者となり、あげくのはてに心の陶冶《とうや》を忘れてしまうから、当然、本人は尊敬もされず幸福にもなれないものだ。

●心の陶冶　陶器を練り上げて作ることから、心をこねたり練り上げたりして、困難に負けない強固なものに作り替えることを言う。本来、ここで言う心、意欲は、移ろいやすく、ふわふわとどこへでも行ってしまうから、しっかりと捕まえて、吟味しなくてはならない。また心は本質的に誤謬（顚倒）になりやすく、分別知と言う現実に存在しないものまで作り出すから、たえず心を真正に保つ陶冶が必要なのだ。

13日

スポーツにいそしんでも健康にはなれない。健康な人間だけが、ただひたすら健康を消費しているのである。病人は、もともとスポーツはできないのだから。人の思考形式は倒錯知《とうさくち》になりやすいのである。

◆世間には物事を逆さまに考える人が多いので、これを利用して成り立つ職業があり、繁華街に立派な店舗を構えるものから、競輪、競馬の予想屋まで色々なものが取り揃っている。自分の予想が当たるなら、密かに利益をあげて他人には教えないものだが、予想を売って生活しているのだから、自分の予想が当たらないと自ら告白している事になる。大通りの立派な店構えも、人の倒錯を利用して利益をあげていると知られないために飾り立てているのだと皮肉る人もいるのだ。

●倒錯知

無知の為に社会現象を深く考えないで、その知識を逆さまに理解すること。例えば統計を読み違えて、間違って発表することがある。タバコを生まれつき吸わない人、吸ったが途中で止めた人、今でも吸っている人では、その死亡率は途中で止めた人が一番高い。いかにも途中で止めると危険のように新聞に発表していたが、これは誤謬で、途中で止めた人は、病気になって止めた人が多いのだから、当然、死亡率は高くなる。

また、週三日運動している人は、長生きできるとの統計があるが、これも顛倒で週3日も運動ができる人は、頑健なので、運動したからではなく、そもそも運動できるほどに丈夫だから、結果として長生きしているとも思える。そして老人になると、ある物質が少なくなるが、これを針小棒大に取り上げて、すぐにでも補給すれば健康で長生きできると宣伝している。これも老人になったので、少量で済むようになったとも考えられるから、いらなくなったものを補給しても、健康にもならず長生きできない可能性がある。

※45、82、139、171、235、242、270、324日参照。

14日

あらゆる未来予想は当たらない。なぜなら、これから十分に予防できるからと言う人がいるが、壊れた人間性から観《み》て、とても予防できないだろうという予想は当たるのである。換言すれば普遍原理に基づく予想は必ずあたる。

◆人間は、一分一秒毎に物事を選択し行動している。そして、その選択行動の結果は、誰も逃れることはできない。悪い選択行動からは悪い結果が生まれ、善い選択行動からは善い結果が生まれるのが普遍原理なのだから、人生に何を、どのように望むかの選択行動により、もうすでに、その人の人生の結末がよく見えるのである。水の落ち行く先は、いつも低い所なのだ。

15日

善悪よりも好き嫌いで物事を判断する人が増えてきた。好き嫌いは、善悪よりもはるかに程度の低い感情なのだから結果は知れている。

◆好悪《こうお》は優劣と同様に、最初から疑ってかからなければならない認識である。何事も、人それぞれが、経験から学んだ正しい善悪の鏡に写し出して判断しないと、好きなことが悪いこともあり、嫌いなことが善いこともあり、弱い人間が善人のこともあり、強い人間が悪人のこともあるのだから、よく認識しないと、この世間で多くの困難に遭遇して、「人生はつまらない」と呟《つぶや》くようになる。

16日

人生は思い通りにはいかない。その「思い」が間違っているのなら。これは愚かな人間の行為が、いつも希望通りにならない理由である。

◆人間社会は、自然のルールの普遍原理（真・善・美）がその中心に存在するだけなのに、あたかも人間のルール（好悪、優劣、美醜等）が存在し、それが最重要事項の如く思う人達がいる。美貌一つとっても、皮一枚下には醜悪な心を秘めている人も多いのだから、「美」とは精神の美しさを指すのだと、普遍原理に基づく「思い」を新たにしなければならない。これができない人達は、人間を自然律の透視図として観ないから、その「思い」はいつも裏切られる。

結局、人間のルールは実態（普遍価値）のない幻想に基づくものだから、自然のルールに沿った「思い」だけが、確かなものとして、いつも希望通りになるのだと知ることになる。

17日

永遠とは一瞬のことである。過去は過ぎ去り、未来はいまだ来ない。永遠に生きるとは、時間の長さではなく、この瞬間の「今」に生きることである。

◆過去を振り返って悔恨に暮れる人がいるが、その人も、節々でよく考えて選択をしてきたのなら、譬え何回生まれ変わっても、過去の記憶はないと言う条件で生まれ変わると仮定すれば、同じ選択をして同じ人生になるのだから、悔恨の必要はないのである。

そして、よく考えない人も、よく考えることができないのだから、よく考えない同じ態度で選択して同じ人生になる。人間は、考える人も、考えられない人も、与えられた条件の中の「この人生だけ」を生きていて、他に選択の余地はないと言えるのだ。

また、人間はただ一度の人生を失敗するし、その失敗を含めて「私の人生」と呼ぶのだから、与えられた善いこと悪いことの全部を「自分のもの」と受け止めて努力し、精一杯の幸福を計らなければならない。

そして、人間は、じたばたしても自分の条件の中のこの人生だけしか生きられないと、強く思い定めて、過去に拘《こだわ》らずに全力で「今」を生きなければならないのである。

18日

人間は難物だ。経験という色メガネを掛けてしまうので、現実がいつも色付きに見える。頑迷もこの世の汚濁《おだく》を生き抜いた証拠なのか。愚者は経験に学び、賢者は歴史に学ぶ。

◆人は経験を頼りに生きているのは間違いないが、この広い世界、経験だけでは危ないのである。広く宗教、哲学、歴史、文学、演劇等を学んで人間の透視図を作り、それを羅針盤として、壊れた人間達が作り上げた苦渋の海を渡る術《すべ》としなくてはならないのである。

●人間の透視図

人間は二大本能である食欲と性欲を見ても、動物として壊れていることに着目しなければならない。人は満腹しても食べ続けるし、味さえ良ければ身体に悪いものでも、喜んで食べる。性欲も一年に交尾期と言うものがなく、のべつ幕なしだから数々の悲喜劇を生み出している。

したがって透視図は、どうしても壊れた人物像が中心になり、まずはエロ、エゴ、ナルシシズムの三大欠陥を指摘しなければならないだろう。江戸時代の人々は石門心学で色欲、利欲、名聞が人の「苦しみの根」と知っていた。また、もう一つの基本的欠陥である無知で括って透視図を作ることもできる。人の意欲は基本的な無知を基に誤謬、顚倒、分別、憎悪、貪欲の間違った考えを抱きながら、生活を破壊しているから仏教では、我常浄楽の無知と考えている。

これらの透視図を利用して自分自身と眼前の人間がどのような人間なのか、そしてこの人たちが作った社会が、どのような仕組みでできているかを理解して航海図を作り、賢明な航海を続けなければならない。

19日

真実を知りたければ「不易《ふえき》と流行」を峻別《しゅんべつ》し、死者に多くを語らせよ。彼らの流した涙は大河の水より多いのだから。

◆ 歴史上の知的巨人は、この世の変わらぬものとして「万古不易の大道」を教えたが、一方では、普遍原理などはないとする人々がいて、世の変転に流されて暮らしている。流れ去って行く「流行」を追えば、どこまで行っても安住の地はない。行き着く先は、この世に何も「確かなもの」はなく、人生は「悔恨《かいこん》の荒野」なのだと知ることになる。

●不易流行　不易とは、どの時代でも変わらないことで、流行とは、社会の状況により変わりゆくものを指し、流行にこだわって万古不易の大道を忘れると、ただ流されて終わる。

●普遍原理　自然の摂理のこと。釈迦、キリスト、ソクラテス、孔子、老子の説く道、沢庵和尚の説く「本心」がそれである。生活の中では智恵、勇気、正義、節制、寛容、愛、慈悲などと行動表現されている。

※213日参照。

20日

男女は人間として同権ではあるが、人間として「同じ」ではない。男女の性別よりも重要なのは人格であり、人間性という性別なのである。

◆男女は法律のもとに同じ権利を有するが、精神的にも肉体的にも同じではない。男性は戦うことはできても、子供を産むことはできない。その持っている能力で区別するのは差別ではないのだから、スポーツが男女別になっているのも能力による区別であって、差別でない事は当然のことである。

日常の男女の区別を差別と言い立てて男女同権を叫ぶ人は、違う者をあえて同じと主張するのだから、裏返しの差別論者なのである。人間を区別する最重要事項は、どのような人間であるか、すなわち人格であり、男か女かではないのだ。

●男女同権　委員会で女性が少ないから、もっと増やそうと思うのは性差別である。能力で選ぶのだから全員が男子でも女性でも、正しい選択であり、初めから能力だけで性別を考慮しないのが、男女同権の本来の意味である。

※79、90、91、２４０日参照。

21日

神を捨てれば放埒《ほうらつ》になる。困って神を祭れば身を正すことになるが、やがて神を利用して人間を抑圧する人物が現れ、人々はまた神を捨てる。これが神と人間の歴史。

◆生まれながらに壊れている人間は、壊れた部分を修復しないで恣意《しい》に任せて生活させると、他の動物ならば同類の仲間の動物を殺したりはしないが、人間は仲間の人間を殺すから、その種族の存続すら危うくなり、神仏（普遍原理）を招来して、生活の指針にしなければならなかったのである。

もちろん、時が経つに従い、神はいない、人間は自由であると主張する者（実は自分が全知全能の神になりたい人）や神の代弁者と称する者（実は無神論者）が現れて、また、多くの人間を殺したために、人々は神仏を捨てたのである。

●抑圧する人物　ナルシシズムにより、人々を自分の思い通りに支配したい支配幻想を持った無神論者がいる。神仏の名を借りて人々をコントロールしようとするのだ。天国、地獄、加護、罪などを騙し言葉としてよく使う。

※9、173、242日参照。

22日

宗教戦争ほど愚かなことはない。生き方を教えるはずの宗教が人を殺すとは、暴力反対と書いたプラカードで警官を殴るデモ隊と同じ漫画である。

◆どの時代でも、この地球上の何処かで宗教戦争が見られるということは、どれほど深く人間が壊れているかの証拠であるし、数千年もの長きにわたり紛争が絶えないとは、その宗教自身の真価が問われていることにもなる。

●宗教戦争　人々を救う目的の宗教に、それほど違いがあると思えないが、それでも昆虫の蟻の如く殺し合うとは、宗教人は大いに反省しなければならないだろう。人間は生まれながらに壊れているのだから、その部分を修復するためにも自然律（宗教、哲学）に回帰しなければならない。

※71、120、125、210、259、260、261、262、288日参照。

23日

自然界にはそれぞれの世界がある。人間も犬、鳥、虫も音や色彩のまったく違った別の世界に住んでいる。眼の前の同じ世界に住んでいると思うのは、人間の奢《おご》りである。

◆動物は種類が違えば、お互いに違う世界に住んでいるとは想像できるが、もっと複雑なのは、人間同志それぞれが、「思い違った世界」に住んでいることである。

例えば子供と老人は違う世界に住んでいて、時間一つとっても、子供の一日は長く、老人の一日は短いのだから、子供の時間で考えれば百歳の老人は退屈するほどの長い時間を過ごしたと思うだろうが、老人の短い日々をいくら重ねて百歳まで生きても、老人自身はそれほど長く生きたとは思えないのである。また、老人になると視力が衰えるため外界も暗くなり、周《まわ》りの風景も若い時のように輝いて見えることも少なくなる。そのため、子供の頃見ていた世界とは違う世界と感じるのだ。

そして、子供の頃は、朝、目が覚めると昨日とは違った新しい一日が始まるが、老人には退屈な同じ毎日である。新しい日が来なくなった時から老化が始まっているのだが、人間は、この毎日「少しずつ死んでいる」ことに気が付かないで無知のままに生きている。

24日

この世には二種類の人間がいる。「生きているから、生きる」のと「生きているから、よく生きる」のとである。

◆古代ギリシャのオリンピックを見てきた哲学者が、「競技は盛大に行われていたが、人間はいなかった」と感想を述べた。また、先人は「人間は眠っているのだ」とも言っている。

我々は、それぞれに生きてはいるが「本来の自己」として生きているのだろうか。日常生活の中で、何かに囚《とら》われ、何かに夢中になっているうちに、「このままでよいのか」の思いも横切るが、この思いこそ「本来の自己」に生きるための一里塚であり、よく生きるための鍵と、強く意識しなければならないだろう。

●本来の自己

自己を詳細に観察すると病みたくなくても、病気になり、死にたくなくとも、死んでしまうのだから、思い通りにならないこの肉体が、自分のものとは思えないし、臓器の細胞も半年ほどで新しいものに入れ替わるとすれば、日々に違う違う人間になっているわけである。それでも自己意識が自己として認識するから、この意識だけが頼りの自己なのだ。

この意識は感覚器官が描き出した実体のないもので、例えば富士山を遠くから見れば秀麗富士だが、登ってみれば火山灰と岩でできていることが分かる。どちらが本当か、どちらも本当であり、嘘でもあって、感覚は一部を実体として見せるだけなのだ。だから自己意識も実体のないものだが、それでも考えと行動は自己の意志で思い通りになるから、これが自己かと言えば感覚器官に騙された思いと行動ならば、「思惑の無知」で実体がないものになり、これも本来の自己とは言えない。

それでは本来の自己とは何か。それは誰もが身体の中心に持つ自然律、本心のことであり、感覚器官の描く世界を凝視する観察者、自分を見つめる自分と言ってもよい者、これが本来の自己である。この本心は普遍的なものだから誰にも存在するもので、個性とは違う。その意味では、よく悟れば誰もが持つ普遍価値に生きるのが、善く生きることになり、一人だけの個性的な自己はどこにもないのだと分かる。したがって本来の自己とは、普遍価値であり、本来の自己を探すとは「本心」と邂逅《かいごう》することなのである。

※97、364日参照。

25日

愚かな人に遭《あ》っても嘆くことはない。その人はその様に生きていたいのである。止めても止めても「無知の招いた運命」に従って行くのである。

◆自分自身で本心から変わろうと思わない限り、人は変わらないものである。理をといて説得しても、当人が心から納得しなければ何事も変わらない。根底に無知があって理解を妨《さまた》げているのだから、熱いことも火傷《やけど》をするまでは判らないし、なぜ火傷をしたかの理解もできないでいる。

そして、他人も自分と同じ考えであり、同じ行動をとると思い込んで生活しているから、よい方向に変わる必要を感じないのである。昔から人の行く道は「愚者の道」と「賢者の道」とに判然としているのだ。

26日

自由平等も富も人生の目的ではない。自由で平等な豊かな社会で、一体なにをするのかの問いに答える「答えの内容」こそが人生の目的なのである。

◆「末は博士か大臣か」と言うが、博士になるのも大臣になるのも人生の目的ではなく、あくまで手段であって、その智恵の蓄積を利用して、自他の最大幸福を計るのが人生の目的なのである。世間によくあるように、博士や大臣になることを人生の目的にして、智恵のないカラッポな頭で博士や大臣になっても、マスコミ報道で御存知のような噴飯《ふんぱん》ものであり、自分も他人も幸福にはなれないのである。

27日

今の教育者は生徒に「生きる力を与える」と言うが、他の動物と同様に生きる力はすでに持っている。人間として「よく生きる」ことを教えるのが教育者の義務である。

◆動物として生きる力がなければ、それは病気なのである。病気は教育者ではなく医師に任せなくてはならない。教育の限界を知らずに、いくらスポーツに励んだり、ヨットに乗せてしごいても、病人なら悪い結果になる。教育に耐えられるだけの条件を持った生徒に、「よく生きるとは何か」を絶えず問い続けるのが教育者なのだ。

※65、126、175、239、256日参照。

28日

博学でも善いことを実行しなければ、仮想現実の人になる。他人の知識を売っているだけのソフィストよりも、自分で考えて智恵を養い、不言実行する人の影は濃い。

◆現代のソフィストは、一部の政治家、官僚、学者等の知識人の中に潜んでいて、彼らは普遍価値としての哲学を持たずに、ただひたすら立身出世を願い、いつでも自分に有利になるように弁じ立てる。そして、彼らは真・善・美についても懐疑的なのだから、現在あちこちで見られる悪風、自己の利益だけを謀り、その野心を満たすためなら、いっさいの道徳を無視するという風潮を助長しているのである。詭弁の徒、徳の破壊者達を排除する時が来ている。

●ソフィスト　古代ギリシャに存在した白を黒と言いくるめる詭弁家、出世の為なら真偽に関係なく自分に有利になるように弁じたてる人達。

●博学　広く学問をして知識が豊富でも、ただの物知りである。智恵を養い、人々がどんなことを願っているか、どんな小さなことで泣き笑いしているかを悟るのが、博学への第一歩なのだ。

29日

行為論者は尊い。「人は生まれによって貴族（バラモン）ではない。行為によって貴族である」と釈尊《しゃくそん》は言った。

◆人は生まれや学歴、地位、美しい言葉や美しい容姿によって尊いのではない。何を行う人なのかと、いつもその行為を問われているのだから、「自分が自分の主人である」ことを思い出して、世の雑音に惑《まど》わされることなく、思慮深い「世のため人のため」の行動が求められているのだ。

●地位　総理大臣、社長になっても、数年間その職を預かるのだと思うのが正しい。地位とは群棲する人間社会を円滑に運営するための擬態で、虚構だから、たとえその地位についても、その人物の人間性が向上し、豊かな人格が形成されるわけでもない。むしろその人の欠陥が拡大して見えることになり、非難もされる。評価が上がるとすれば、その地位に付与された権限で何をしたかの行為、そのものである。

30日

名人上手と言われる人は、自分で出来ること、出来ないことが良くわかっている人である。自分と世間の見極めができない人は、いろいろ手掛けたあげくに「器用貧乏」と言われる。

◆何でもできるが、何もよくできない人がいる。自分の能力と世間の仕組みを研究して物事に対処しなければ、何でもできる便利な人間と軽く評価されて、本来の実力を発揮することなく、その一生を終わる。人は生まれてこのかた、なにもかもはできないのだから、ただ一つのことが善くできれば、それが全体に繋《つな》がって、それで十分なのである。

●器用貧乏　何でもできる便利な奴として軽く扱われ、人間を道具や物と思っている人物（サイコパス）が至る所にいるから、このゲス野郎に使われて、自分の人生を見失う。

31日

この世で一番悪い人間は、善いことだと思って悪いことをしている人間である。善悪のわからない人は、正義の為と思いながら殺戮者《さつりくしゃ》になるのである。

◆普遍価値としての善悪は信じないで、自分に有利なことが善であり、自分に不利なことが悪と思っている人間は、相対主義の罠《わな》に落ちて、かぎりなく犯罪に近付く。そして、悪いと知りながらも悪を行う人間は、少なくとも善悪の区別はできるのだから、いつの日か救われる時もくるだろう。若者に徹底して「人間としての善悪」を教えなければならないのは、このためである。

●殺戮者

殺人者などの犯罪者も、その時は殺したり、盗んだりが一番だと思っている。昔の人が「盗人も三分の理」と言っているように彼らは異様な理屈を持っているものだ。これは目的のために手段を選ばない思惑の無知からきた理屈で、目的と手段の善悪のバランスを考えていない。たとえ有識者、学術経験者と言われている人でも、頭の中は利欲だけで善悪の思考回路が欠落している者がいるので、庶民は時に裏切りに直面する。

●善悪

電車の中で騒いでいた子供に、オジサンに怒られるから止めなさいと注意していた母親がいたが、オジサンがいてもいなくても、悪いことはなぜ悪いかと、その理由を教えなければ、やがて言われなければ、見つからなければ、捕まれなければよいとする大人になるだろう。

32日

人の一生とは未熟に生まれた人間が、成熟に至る過程である。他者と自己の未熟の中に生きる人間は、その苦悩を通して獲得した徳性をもって成熟しなければならない生涯なのである。人生にかくも忍耐を強いられるのは、これが理由なのだ。

◆壊れて生まれた人間は、壊れた人間に囲まれて生活しているのだから、我々は生涯の何処《どこ》かで目覚めなければ、「タライからタライにうつる、ちんぷんかん」と歌われているように、生まれて初めてタライの中で身体を洗ってもらい、死んで最後にタライの中で洗ってもらうまでの、その間の人生の事はよくわからないと、五里霧中のうちにその生涯を閉じることにもなる。

もしも努力の甲斐あって徳性を身に付け、この生に覚醒することができれば、自他の未熟もよく見えて寛容になり、忍耐もよくする。先人は「子供よ、お前は堪えるために、この世に来た」と言った。

33日

獲得した徳性とは知恵、勇気、正義、節制、寛容、忍耐などの徳性であり、これにより未熟な自己ばかりでなく、他者をも救うことになるのだから、耐えず油断のない努力が必要である。

◆徳性（普遍価値）を持つことに努力して「本来の自己」に目覚めた人間は、そのとき、初めて自分ばかりでなく、この人生を眠っているかのように過ごしている人達、人生の目的を忘れて些細《ささい》な何かの虜《とりこ》になり、夢の中で過ごしている人達を教え導き、その眠れる生を覚醒することができるのである。

●徳性　人間が善く生きるための根本原理、広義には自然のルール（自然律）、釈尊は渇欲を捨てることで自然律を教え、ソクラテスは無知を自覚することで自然律を説いた。狭義の徳性は自然律から派生した知恵、勇気、正義、節制、寛容、忍耐等の普遍価値。

34日

本能の壊《こわ》れた人間の「修復された本能」「表現された本能」とは、狭義には徳性のことである。この徳による壊れた本能の修復過程が「善く生きる」ということである。

◆世間には「善」に対して誤解があって、自分の利益や立身出世に対して合理的に行動することが「善」と思っている人がいる。普遍価値の生んだ徳性に沿って生きるのが「善く生きる」なのに、普遍価値を否定して自分の欲望の肥大化を謀《はか》って生きるのが「善く生きる」と思い違い、相対主義の罠に落ちてしまったのだ。

●相対主義　絶対的真理や絶対的道徳価値の存在を否定する学説。詭弁家（ソフィスト）が好んで主張するが、結局は虚無主義に陥る。

35日

人間は動物としての本能が壊れているので、善く生きることを外から学ばなければならない唯一の動物である。そのために壊れた本能に替わるものとして文化（真・善・美）を構築したのである。

◆壊れて生まれてきた人間は、虚実の生活（文化）を構築して生存を計ったのである。虚《きよ》とは真・善・美に基づく虚構のことであり、国家、市民社会、学校、家庭等の物質上（実）に概念構成したものを指す。真・善・美に基づかないものは幻想的虚構になり、家庭一つとっても真・善・美がなければ、人間の生存に適さない虚無に近付く。

したがって虚にも二種類が存在する。それは、生存のために構築した虚と、生存に適さない幻想的な虚であり、人間はその間を危うく平衡をとって生きているのである。また、実とは虚為と真実という時の「実」ではなくて、物質的条件としての現実を表現する「実」である。我々はその上に虚構を作りあげているのだ。

例えば、貨幣はただの紙切れに国家の信用を付与することにより流通する。信用は「虚」であり、紙は物質的条件の「実」である。国家が真・善・美を物語り実行するうちは、尊重すべき「虚」として存在するが、真・善・美が希薄になり、幻想的「虚」になると、貨幣は限りなく紙に近づくことは歴史上に多くの例が見られる通りである。

※66、96、196、228、272、310、311日参照。

36日

「悪いと知らずにやってしまった」と人は言うが、これは免罪符にはならない。善悪もわからない人間であると告白しているようなものだ。

◆基本的な善悪は、家庭や学校で礼儀作法の一貫として教え込まなくてはならない。これを欠くと、壊れた人間たちを互いに結びつけているのが礼儀作法だから、たちまちのうちに人々の連帯が解けてしまい、善悪の消え失せた勝手気ままな無礼、無作法になる。そうなると、当然、世間も住みづらくなり、怒ったり恨んだりの反社会的人間が増えていく。

●免罪符　ヨーロッパ中世末期、キリスト教会が財源確保のために献金などによって、罪に対する罪を免除する証書。

37日

どのような巨大組織も変えられる。人間の作ったものだからである。全体として見ないで個人に分解して観察すればその糸口がわかる。国家も虚構なのである。

◆広大な城塞や複雑な組織を見ると圧倒されるが、どんなに巨大に見えるものでも、実は岩石のように筋目があって、そこを叩けば割れるのである。不完全な壊れた人間の作ったものは人間が壊し、その変化を押し止めることは誰もできない。

●国家の虚構

群棲動物の人間は他の哺乳類と違って、人間同士殺し合うから集団を作り、その中の約束事を守って種の保存を計らなければならなかった。これが国家の始まりで集団内ルールが本能に変わるものになったのだ。犬は負けましたと寝転んで、お腹を見せれば本能が働いて犬同士殺し合うことはないが、人間は降参して手を挙げても、殺されることがあるのだから約束事を守らなければ、国家組織もますます虚構になる。

国家は種の保全を第一に考えて、本能に変わるものとして法、ルール、約束事を作り出さなければならなかったわけだが、例えば私の家と言うが、自然界には私と家があるだけで、私の家と言うものは存在しない。それでも私の家と言うのは私有権、所有権と言う約束事を作り出して争いを絶ち、その人の人生をお互い認めているからなのである。これが守られなければ国家は虚構どころか幻になり、動物以下の世界が出現するだろう。

今も世界のどこかで国家が、人々の財産を奪い殺しているのが見られるが、これは名前のある人物が国家を僭称して、人間のルールを踏みにじり、明らかな虚構性を示しているに過ぎない。忘れてならないのは、どの国家も、名前のある個人、または名前のある少数者が動かし、国家の意志として概念構成しているに過ぎないから、そこに約束事を守る正義がなければ虚構どころか幻想になるのだ。今も政治家、官僚の中には兇徒が潜んでいて、その劣等者が国民を支配しているのが見られる。

38日

「現実的ではない」と政治屋はよく言うが、彼らの現実とは、目先の利益のことだけであって、大局的または経時的な視点が欠落しているから、そのように言うのである。

◆政治家と政治屋の違いは、政治家は賢く、遠く未来を見据《みす》える。政治屋は、目先の利益だけで利巧に立ち回る。そして、欲得の大衆が正しい政治家を非難し、今にも利益を運ぶ政治屋を歓迎するのは、この目先の利益だけが大衆の現実だからである。

●経時的な視点　水は低きを求めて流れるように時代の流れにいくら抵抗しても、長い時間のうちには正しい方向を求めて流れていくのだから、視線の置き所は真善美の存在する方向になる。

39日

ほとんどの政治屋は、公《おおやけ》の水を我田引水するのを目的としている。少しでも多くの利益を得て私腹を肥やしたいのである。そのために美辞麗句を並べ立てて、自分の利益を公の利益に見せかけるのである。

◆大衆は、いつの時代でも、公から利益を誘導する政治屋を歓迎する。先の大戦に負けての饑餓時代では生きていくだけでも大変なのだから、利益至上主義でもしかたがなかったが、飽食の時代になった今でも大衆が利益誘導の政治屋だけを支持していることが、豊富な物に囲まれても満足しない人達を作り出すことになったのである。

40日

戦後の日本では、二種類の人間が生まれた。詩歌管弦の宴《うたげ》にくれる多数の「壊れた本能」もあらわな欲望過剰人間と、少数ではあるが真・善・美に仕える理性的人間とである。江戸の昔から盲千人、目明き千人とも言う。

◆欲望をコントロールして心の平静を保つのが幸福の条件にもかかわらず、欲望を充足させることが幸福と思った大衆は、快楽の罠に落ちて盲目的になった。一方少数の庶民は真・善・美に沿った物語を作ることが、快楽のもたらす虚無から逃れる術《すべ》と知って、理性的に振る舞ったのである。

●詩歌管弦の宴

「驕《おご》る平家は久しからず」と言われているが、現状の廃頽《はいたい》もその頂点に達したのか、若者が踊り狂っているのが前兆になり、これから凋落《ちょうらく》の憂き目に合うだろう。

41日

物事の結果を見ない人がいる。眼前で行われている現象だけを追っていて、その結果を考えないのだから、他人を軽蔑したり差別したりするようになり、善人を笑うのである。先の見えない不安な人生だ。

◆単純な話ではないが、それでも、人生は因中有果論である。原因の中にすでに結果が見えているのだ。今どんなに輝いても、輝きの中に滅びる原因があるなら、やがて滅びる。「輝きの中に暗闇を見ない人は、人生を知らない」と言えるのだ。

●因中有果論　バラモン思想の学説、結果は原因の中にあり、因果は等質とみる。

※３１９日参照。

42日

物事の結果だけしか見ない人もいる。表に出ない事情を考慮しないで「結果が総て」なのだから、疑い深い攻撃的な人間になり、他人の成功を嫉妬するようになる。満足のない不幸な人生だ。

◆原因が結果を生み、その結果が原因になって次の結果を生むという因果律の連鎖を知らないと、自分の失敗を他人の責任にして、反省もなく、再起もない。また、他人の成功は運が良かったので、自分は運が悪かったと、自ら慰めて、自ら不運に終わる。

43日

物事は「こうになればああになり、ああになればこうになる」と決まっているのである。人間に許されているのは選択と行動だけであり、この二つが人間の運命である。

◆因果律の支配下にある人間は、善く生きるための冒険の旅に出発する時に、選択と行動を熟慮しなければならない。そして、真・善・美に基づく学問、芸術の力を借りて人間の断面図や透視図を作り、「こうになれば、ああになる」こと、すなわち、すべての現象は相対的依存の関係（縁）の内にあると、深く理解しなければならないのだ。

●縁　原因結果の因果律が支配する中で、その結果に導く間接的原因（条件）を指す。仏教哲学の特徴的用語。

44日

超能力を言う宗教はニセモノである。空を飛んだり、遥か遠くのものを見たりするのは、むしろ科学の力で実現した。タイムマシーンも、印刷技術の発達により色々な書籍を読んで過去にも未来にも行けるのだから、現実化したのである。

◆普通の言葉、普通の行動の中に普遍価値を語り示すのでなくては、宗教人として、哲学者として、庶民の救済はできないのである。歴史上の実在した人物として考えれば、釈尊もキリストも道ですれ違えば立派な人と振り返っては見るが、仏や神の子に会ったと思わないほどの日常的風景であったと思う。知的巨人達は、決して庶民の日常生活から遊離して存在していたのではない。

45日

人間は倒錯知《とうさくち》になりやすい。青少年や子供は純真であると言うが、悪い奴の中には子供の頃から悪いのもいる。政府の中央集権が悪いから権限を移譲して地方自治を拡大すると言うが、西部劇のように地方にはもっと悪いのがいる可能性もある。

◆世間のかなりの部分は、思い込みや思い違いで成り立っている。最初の認識が壊れているのだから、その間違ったものの上にいくら優れた判断を構築しても、所詮《しょせん》間違った判断になるのだ。もちろん、裏には人間の思い込みを利用して自らの欲望を満たそうとする人間が倒錯に油を注ぐのだが、彼らこそ庶民の幸福を願わずに、自分だけの利益を貪《むさぼ》る「真の倒錯者」なのである。

※13、139、196、235、270、324日参照。

46日

人間悪を凝視《ぎようし》しないで、いくら組織を変えても成功しないだろう。組織に風穴を開けて利益を貪《むさぼ》るのは、いつも知人であり、隣人である。

◆人間は壊れているのだから、時に間違い、時に悪に身を染めることもある。だから、組織構築の段階で、人間悪のエロティシズム、エゴイズム、ナルシシズムを研究して制度作りをしなければならない。よく聞く言葉が「そのようなことは、あってはならないことだ」と、人間悪に蓋をして、失敗してからの制度いじりでは、またの失敗に終わるものだ。

●人間悪　鈴木正三《しようさん》（江戸前期の武士、後に出家、一五七九～一六五五）は、次の三つを挙げた。瞋恚《しんに》（自分の心に逆らうものを怒り恨むこと）、貪欲《どんよく》（むさぼって飽くを知らないこと）、愚痴心（理非の見分けがつかない愚かさのこと）。石田梅岩（江戸中期の石門心学の祖、一六八五～一七四四）は、名聞《みようもん》（世間の評判、名誉）、利欲、色欲の三つを挙げている。

※105、215、253日参照。

47日

「後に続く者を信ず」と、先の大戦で前途有為《ぜんとゆうい》の青年達が死んでいった。我々はその声に答えたと言えるのだろうか。今では、何も信じていない青年達を見る。死者達よりあわれではないか。

◆太平洋戦争の敗戦により、戦前からあった虚実の物語（文化）を語り継ぐ人もいなくなり、それに代わる新しい「物語」を語れないままに現在に至っている。日々の生活を支える文化という脊髄を失った人達の精神は、ふらふらとさまよう。街頭で踊る若者達の虚無の踊りを見るが、彼らは、一時的な熱狂に身を任せることで観客の眼に称賛を期待し、よるべのない虚無から逃れたいだけの哀れな存在である。

48日

人が、この人生で経験したことは自分の子供には伝えられない。すなわち人間の獲得形質は遺伝しないと言うが、もし親が子に人生の真実を語り、子がそれを学んだら、肉体的遺伝子はともかく、社会的遺伝子は遺伝していくことになる。

◆親の社会に対する姿勢と、その取り組み方を伝えることが、社会的遺伝子なのである。自分が、たとえ子供の反面教師になろうとも、真実を伝えることで、子供は人生への取り組み方を決める。いつの時代でも、子供は親の生きた実相を知りたいと思いながら、それを聞き逃しているのだから。

※127、313日参照。

49日

近年は礼儀作法を軽視するようになったが、おかげで傲慢《ごうまん》な人々が増えた。礼儀作法こそ自《みずか》ら自分の傲慢さを否定する、人間としての立派な作業であったのである。

◆壊れている人間は、その壊れた本能に従えば破滅する。他の動物は本能に従うことで生存を全うするが、人間は文化としての法律や礼儀作法を学ぶことにより、壊れた本能を修復しながら、危うく生活しているのである。

※162日参照。

50日

豊かさも「量より質」が重要である。ある程度の量を得たならば質の問題に移るべきであったのに、ひたすら量の拡大を計った結果、新しい精神文化は生まれなかった。

◆現在の我々は、豊かになって用途別の各種の自動車を取り揃えてはみたが、その自動車に乗る人間が幸福に暮らしているかを考えずに、色々な自動車に乗ることが幸福なのだと誤解した生活と同じである。当然のことだが、幸福な人間が乗る自動車が幸福な自動車なのであり、自動車の美観や性能が本質的な問題ではない。どのような人間が、それに乗って、どこに行き、何をするかの行為が精神文化であり、質とは、自動車に乗る人間の精神の有り様なのである。

51日

人は貧しい時よりも豊かになった時に、その人間性を問われる。財力を真・善・美の普遍性に注ぐのか、うたかたの快楽にこだわる生涯なのかを。

◆貧しい時も豊かな時も、「何をするか」を問われているのだが、それでも選択肢の広がった豊かな現在の方が、より選択と行動を問われているのである。肉体的、精神的快楽の罠に落ちて、せっかくの千載一遇《せんざいいちぐう》のチャンスである豊かな条件を、台無しにしてしまう人達も多いのだ。それに人生の頂点に立った時に、選択を誤り、人間悪を露呈した人達を多く見てきた。

52日

物が豊かになると心も豊かになると考えられていたが、現実には「衣食たりて礼節を知る」のではなく、物と心はトレードオフの関係にあって、物が過剰になると心がすさみ、物が欠乏すると心が豊かになって向上心も出てくる人もいるようだ。

◆物を豊富にする努力と、心を豊かにする努力とは、初めから全く違う努力なのである。敗戦後の饑餓《きが》の時代には、物が豊富になれば心も豊かになると信じて努力し、今では飽食の時代になったが、物の豊かさに較べて、心の貧しさが目立つばかりである。

●トレードオフ　経済用語。物価安定と完全雇用のように、同時には成立しない二律背反の経済的関係。

53日

人に「それはできない」と確信的に言われても、たじろいではいけない。その人ができないと思い込んでいるだけである。周囲の条件が変われば できることになるから、固定的に考えずに経時的または流動的に対処すべきである。

◆人間が作り上げた社会なのだから、人間にできないことは何ひとつ無いのだが、それでも時間をかけて作り上げたものは、時間をかけなければ、その変革は実現しない。人間は、時間の経過を透《とお》して物事を判断することが生得《しょうとく》的に難しいために、「それはできない」と思い込むのである。

54日

「不可能を可能にする」と強く言う人に会ったら、非理性的な情念の人なのだから警戒しなければならない。不可能は可能にならないから、不可能とよばれているのである。

◆人には、感傷に溺れて理性的でない人たちも多い。企みのある人間はこの欠点を見て、人を感激と熱狂に誘うが、これに乗せられる人間は大きな短所を持つことになる。理性とは、感激したがる自分を冷静に客観的に凝視する眼なのだ。

●情念の人　日本では情動的、感傷的な人に人気があり、理性的な人は理屈ぽいと嫌われる傾向がある。歴史をかえりみて、ドイツ人は情熱は正常だが、理性が壊れている。フランス人は情熱は壊れているが、理性は正常であると言った人がいるが、日本人もここ150年ばかりは理性が壊れているから、またいつか詭道の戦争を始める心配があるのだ。

55日

人生を幸福に過ごすには「少年の心と大人の財布」と言うが、少年の心では財布は一杯にならないし、一杯になる頃には少年の心を失っているとは人生の皮肉。そこで一工夫《ひとくふう》が必要になる。

◆子供の頃から成長するにしたがい、心が薄汚れてくると言った人がいたが、世知に長《た》けるとは、ある点から見ると精神の堕落なのである。損得の彼岸を越えて、子供の頃の純真な心を保つには、人間に対する「暖かい眼《まな》差《ざ》し」と「覚めた分別《ふんべつ》」を持つ工夫が必要である。この工夫がないと、ひたむきな、弾む心の少年は、たちどころに消え失せる。

●一工夫

金銭を得るには昔から働く、騙す、盗むの三つしかないが、騙す、盗むは犯罪だから、どうしても働くことが必要である。しかも社会は、他人のために働く仕組みになっていて、靴屋さんが自分の靴だけ作っても収入はないし、学校の先生も自分の子供だけ教育しても給料は貰えない。他人の靴を作り、よその子供を教育してこその働きなのである。中には自分のためにだけ生きると、フリーター、オタクになってみても、戦後、一生懸命に働いてきた親たちの援助がなくなれば破綻するのだから、どうしても世のため、人のためと働く必要がある。そして、このことの理解度が、将来の貧富に繋がっているのだ。

戦後の荒廃から一斉にスタートして、今では貧富の差ができたが、これは働いても「取って使って」気楽に消費したか、忍耐してお金（資金）を貯蓄したかの差で、これは昔から変わらない、もう一つのルールである。大人の札束の詰まった財布を持つには、長い間、軽い財布で我慢しなければならないのが、いつの世も現実で、これでは少年の心は痛むが、それでも飽きない労働と、長く忍耐する工夫が、三つ目のルールになっている。

56日

人生は劇場であり、人はその舞台で一生を演じる役者であると言う。この役者にも二種類あって、観客におもねる、ただ快いものだけを演じる者と、眼の前の観客とその背後の普遍原理（神仏）に対して演技する者とである。古代人のように。

◆世に称賛される人達は、真・善・美に沿った人達である。壊れた大衆から称賛されたら、自分も壊れている可能性があるから、「自分は危ない役者だ」と自覚しなければならない。どのような世界でも、ただの面白主義の演技では、満足も得られず、充実した時もなく、その場限りの虚無になる。

57日

寛容は優れた徳である。人は「何を話して何をしているか」を、自分自身でよく解っていないのである。思い通りのことをしても、希望通りのことをしているとは限らないほど無知なのである。無知な人を責めても、これも無知なことをしていることになる。

◆人間は、根源的な無知のために、自分の言葉も行為もよくわかっていないのである。一寸先は闇の世界を、確信的に、自分は訳知りの人間だと思い込んで闊歩《かっぽ》しているのだから、結果はいつも希望通りにならない。無知の終わる日まで、寛容は美徳として存在し続けるだろう。

58日

あまりに他人の思惑《おもわく》や判断を頼りに生きるのは「他人の奴隷」である。自分自身に判断の基礎を置いて自由に行動するには、自分を鍛え上げなければならない。それをしないで無知な自分に基礎を置いて行動すれば、今度は「自分の奴隷」になる。

◆仕事のボスは受け入れても、精神のボスは作るな。魂までボスに売り渡せば、ボスの上の見たこともないボスが、他人の魂を自由にする。自分の鍛えた魂に基礎を置いて一人で歩め。自分だけが自分のボスである。

59日

エピクテトスは「人間の善と悪は意思の中にある。即《すなわ》ち人間の自由な意思（これのみが人間の権限内）が最重要事項である」と言う。勝海舟は「行蔵《こうぞう》は吾に存す。毀誉《きよ》は他人の主張」と言った。

◆地位も名誉も財産も、ある点から見れば外から与えられたものである。この外からくるものを渇望するようになると、他人に自分の意思を売り渡すことになるのだ。他人の意思に始まる外からのものは、「自分のものではない」と小さく見て、自分の意思を貫くことが大切である。

●エピクテトス　ローマの哲学者、奴隷であったが、解放後に意思の哲学を説く。すべての存在を権内（意見、意欲、欲望等の意思的活動）と権外（肉体、財産、官職、親子、祖国等の社会的なもの）に分けて、人間は権内のみに責任を負うとした。

●勝海舟　幕末の政治家、軍艦奉行、坂本竜馬の師、西郷隆盛と江戸無血開城を実現。旧幕臣の生活救済に努める、業績多数の逸材。

60日

人間には明らかに能力差があるが、それは努力もしないで自分にはできないと思い込む能力も含んでいる。

◆人間社会では、普通の人間は努力しだいで大抵のことができるようになっているが、それでもなお、自分にはできないと思い込んでいる人がいる。努力が嫌いなのか、努力の仕方を知らないのか、ともかく、その「思い込み」は間違いなのである。

この世には能力の種類が色々あって、その中から他人と違った自分の能力を引き出すのだと視点を変えれば、能力差は消失するのだ。そして、他人の能力に頼らないで見つけ出した自分の能力を十分に使いこなすことが、真の能力なのだと思い定めなくてはならない。

61日

故事来歴《こじらいれき》に詳《くわ》しい人がいるが、何があったかに詳しいだけで、人が何を楽しみ、何に泣いたかを知らない人もいる。博学とは人間の喜びと悲しみを知っている人のことであるのに。

◆人間は、他者の根源的な喜びや悲しみに配慮しないで、表面の快楽的な喜びや悲しみに関心があるが、中には他者の根源的な悲しみを自分の快楽的な喜びとしている人達も多いのである。このような物知りではあるが残忍な心を持った人達は、周囲の人間を、静かに、明るく、希望に満ちて、切り刻んでいくのだから、犠牲にならないためには、相手の心を冷静に凝視し、外見はどのように魅力的に見えても、その眼前の残忍な人間とは違う人生を歩み始めなければならない。

62日

人生の目的は幸福に暮らすことであるが、それにしても「幸福とはなにか」をよく考える人の少ないのには驚く。人々は、まるで不幸を望んでいるように生きている。

◆幸福を考えないで快楽的な人生を望んだ人は、虹や陽炎《かげろう》のようなはかないものを追いかけて、晩年になると「人生はつまらないものだ」と呟くものだ。追い求めていたものが幻想と知って、焦燥《しょうそう》と悔恨《かいこん》のうちに老いたのである。誰にでもある、眼の前の、手を伸ばせばすぐにでも摑《つか》まえられる幸福が、あれほどあったのに。

63日

たとえわずかの間でも人間社会に暮らすのだから、人間性についての知識はどうしても必要である。これがないと正しい人間ほど人間に失望して、人間嫌いになる。

◆人間がどれほど素晴らしく、どれほど汚れているかを知らないと、この人生で手痛い打撃を受ける。自分はいつも正しい行動をしているのだから、他人も同じように正しい行動をとるだろうと、人間性をあまりに楽観的にとらえた人は、裏切られたあげくに、人間嫌いになる。

反対に、人間性を悲観的にとらえて用心深く行動した人も、人間悪に疲《ひ》弊《へい》し、やがて希望を失って、結局は同じように、人間嫌いになるものである。日々の生活の中で人間を凝視《ぎょうし》して、人間の両面性をよく知る者だけが「これが人生さ」と肩をすくめながらも、希望を失わずに生きられるのだ。

64日

人は真・善・美を追求しなければならないが、美については誤解がある。美しい人とか、美しい衣装、車、住居ではなく、精神的な美、魂の美しさを言うのである。

◆真・善についてもそうだが、特に美については誤解している人が多い。真・善が精神世界のことであるように、美も物質的または肉体的なものではなく、精神の美、心の美を指しているのだから、大衆の追い求める美とは次元の違う話である。大衆は、物質の美しさを尊ぶあまりに、物質の本質を動かし、その価値を決定する精神性を忘れてしまったのである。

65日

教育は尊い。善悪を教えて人間を作り替える可能性のあるのは教育だけである。医学は人の命を救うが、救われた人が悪人ならば「健康な悪人」を再び世に送り出しただけなのである。

◆教育の難しさは学問の面白さを「どのように伝えるか」なのだが、知的生活の中で好奇心や喜びを持った教師ならば、それができるのである。毎日、知識を切り売りするソフィスト的教師では、智恵を伝える喜びもなく、自らの知的生活の貧困を露呈するだけだから、心揺さぶる教育はできないのだ。

※27、126、175、239、256日参照。

66日

平準化した社会では、あらゆる人が労働者ではあるが、自分がただ単なる労働者に過ぎないと自覚した時から精神の低俗化が始まる。人は「世のため人のため」という物語がないと、正しくも幸福にも生きられない者なのである。

◆人間は意識の網を広げて、そこに意味を構築して暮らしている。殺人強盗の類《たぐい》でも、仲間内ではその犯行の意味を得々と語るように、犯罪者でも、たとえ間違った幻想に基づいた意味付けとはいえ、これがなくては行動できないのである。まして幸福に暮らすことを望む我々は、真・善・美に沿った意味付けをして「虚実の物語」を物語る中で、バランスを取って生きるのでなければ、とうてい、善くは生きられない。

※35、96、196、228、272日参照。

67日

「滅びるもの」は自己改革できずにどうしても滅びる。自己を生成発展させた原因が、今では滅びる原因になっているからである。「役割の逆転」がいつも歴史を作った。

◆長い間には環境の変化によって、長所が短所に変わることがあるが、この時は滅びるものである。数々の成功例で裏打ちされた人達は、自分が成功したのと同じ方法で、今度は失敗するとは、夢にも考えないのだから。

68日

言論が時に不毛であるのは、真理の探求を忘れて議論に勝つことだけに夢中になり、眼の前の人達に、自説を押し付けることだけに専念して間違った結論になるためである。ナルシシズムはいつも人を迷妄《めいもう》へと導く。

◆言論人も、本来の真理の追求ではなく相手に勝つだけを目的とするパワーゲームに身をやつして、正しい論説には喜んで敗北するという知的態度を忘れることがある。また、もう一つの不毛な状況は、その人の過去の論説が正しいものであったかの検証を、時間を追って追求しないことである。発言だけで経時的な検証がない環境が、何でも言える無責任な言論人を多数つくり出したのだ。

69日

「結果の平等」は奴隷の思想である。努力した人も、しなかった人も、同じ結果で同じ扱いならば、誰も努力しなくなり、家畜のようになるだろう。

◆先人は「家畜の牛が、もの悲しい目付きをしているのは、人間の責任である」と言ったが、人間同士でも自分の才能を抑圧され、前途を阻《はば》まれた人達は、悲しい目付きになる。暗い目付きの人に会ったら、しみじみと、その話を聞いてみるがいい。きっと涙が止まらない。

70日

自由も平等も前後に言葉を持ってこないと、意味の通らない用語である。人は生まれながらにして不自由で不平等な存在なのだから、せめて権力からの自由と、法の前の平等が必要であるとしているのだ。自由、平等は独立存在語ではないのである。

◆人権宣言によると「人は生まれながら平等である」としているが、これは神の前の平等を説いたものであり、現実には人は生まれながらにして国、親子兄弟、性別、肌の色、美醜、その他の色々な条件を選べずに不平等に生まれてくるのだから、せめて法律の前では、それらによって差別されないとしているのだ。

自由も、我々は生まれながらにして多数の条件に阻《はば》まれる、不自由な存在なのだから、せめて法律によって自由を確保しようとしているのである。法律を作り、法律を正し、法律に従う自由平等なのだから、恣意《しい》的な自由平等などは、どこにも存在しない。

71日

人間の天敵は人間である。正しさへの無関心、他人の不幸の無視、戦争の大量虐殺を考えるとよく理解できる。

◆人間の素晴らしさと、恐ろしさを早く理解しないと、無我夢中のうちに人生を終わることになる。「人を食った奴」という表現があるように、ある種の人間は平然と他人の人生を食い散《ち》らすのだから、たとえそれが親子兄弟の親しい人達であっても、心理的な罠をも避けて、自分の人生を食われないように戦うか、あるいは、その影響から逃げ出さなくてはならない。

●天敵　昔は伝染病などのウイルスや細菌が人間を大量に殺す天敵であったが、医学の進歩により病気は克服されて今では、人が人を殺す戦争だけが大量殺人兵器を開発して、ついに人が人の天敵になったのである。

※22、120、125、259、260、261日参照。

72日

評論家は誰かの利益を代表して意見を述べる人が多い。知識人とは「自分の不利益になっても、真実を述べる人」とすれば、彼等は知識人とは言えない。

◆真の知識人は、真理に仕えることによって尊敬されているのだが、中には真理を捨てて利益に奉仕する偽者の知識人がいるために、庶民は裏切りの苦汁を飲まされたあげく、尊敬心を失うのである。賛成でも反対でも、注文に応じて、どちらにも評論するソフィストや文字芸者が多すぎるのだ。

●文字芸者　徒《いたづら》に知識を集積して、利益あれば、それを散蒔《ばらま》く偽知識人。江戸時代中期の石門心学を興した石田梅岩（一六八五〜一七四四）の言葉。

73日

頭脳明晰な知識人でも、ネギ一本、靴一足も自分で作れないのだから、奢《おご》りのない言説と行動、そして節度も要求されるはずである。

◆少しの才能に恵まれると、何でもできるような発言をする人がいるが、全知全能の神ではないのだから、当然、できることは少ない。もしかすると自分の考えは間違っているかもしれないという「思い」が、少しでもあれば、自分も他人も救われるのだが。

●頭脳明晰　専門知識に優れていると、ひとかどの人物になったとの思いで失敗する人が多い。世間はあまりに広く複雑で、有識者、学識経験者もその一部を知るのみなのだ。またその頭脳を操るのは心だから、人格を調べることが最重要なのだが、その方法は開発されていない。今も知識を調べる試験制度は確立しているが人間性、人柄を調べる方法がないのには困っている。人類の将来は指導者の人格に係っていると言うのに。

※81日参照。

74日

あるメキシコ人は「神よ、私から私を御守り下さい」と祈ったと、モンテーニュは随想録の中で述べているが、人は自分が自壊者であると認識したときから「人間」になるのである。

◆人間性を知るには、自分の心を掘り下げて研究するのが一番よい。身体の解剖図はあるが「心の解剖図」はないのだから、これを描き出して、自分が「どのような人間なのか」を理解し、生活の航海図としなければならないだろう。

●モンテーニュ　フランスの思想家（一五三三～一五九二）、ソクラテスを思想的な師と仰ぐ。「私は何を知るか」（ク・セジュ）の言葉が有名。

75日

ある哲学教授は「五十年間教職にあったが、理性ということが解《わか》らなかった」と述べている。それでも自分が知らないこと(無知の知)が解ったのだし、自分は何を知っているか(ク・セジュ)の問いにも答えたのだから、立派な哲学者の生涯であると思う。

◆無知な人間が知識人として振る舞い、不完全な人間が完全な人間として行動するために、現在の混迷があるのだから、たとえ専門家でも解らないことは解らないと言ってもらった方が、良く解るのである。この場合、長年の研究結果でも、理性の意味が解らないと答えることが、理性そのものなのだ。

76日

「私は神を信じない」と言う人がいるが、それでも人は何かを信じていないと生きられない。この人は神がいないと信じているのだから。

◆神はいない、普遍価値は存在しないとする無神論も、相対主義、虚無主義を教義とする一つの宗教とも言える。自分が「万物の尺度なり」と考えれば、人は神になりたがるもので、最近多いのは、自分が完全な者として振る舞う、神になった無神論者である。また一方では、神を信じるあまりの狂信主義者もいて、歴史上よく知られているように、神の名において多数の人間を殺している。狂信者も、実は自分が神になった無神論者なのである。

77日

無神論者で、趣味は家庭菜園であるという人に会った。種を蒔《ま》き、収穫のときの豊饒《ほうじょう》は有難いという。その有難さを古代人は、神仏からの恩寵《おんちょう》として感謝を込めて祭ったのではなかったか。感謝は神に近い。

◆人間は肉親などの生と死、動植物の生成流転を見て普遍原理の存在を理解し、それを神仏と呼んだのだから、普遍原理を見るものは神仏（自然のルールの神格化）を見ていると言える。釈尊（ブッダ＝覚者）は自然のルールを説き、実行した人である。

78日

可笑《おか》しければ笑うがいい。悲しければ泣くがいい。病気のときは病人をすればいい。死ぬ時がきたら死ぬのが一番いい。これが人生の全部なのだ。

◆人間は、自然のルールに従うだけの自然物である。人間のルールに従って正しいことができたと思っても、それは自然のルールに添ったことだったからだ。換言すれば、我々が社会の中でベストを尽くすのは、当然の行為であるが、それでも失敗する人達を見るのは、自然の条理に逆らったからである。

79日

戦後社会の欠点の一つは、男女同権を、男と女は「同じ」と誤解したことにある。男性の悪徳を女性も身に付けた結果、男女ともに逃げ場のない、乾燥した社会になってしまったのである。

◆人間は、それぞれが個性的なのである。自分が本来の自分であるように生きるのが「善く生きる」ことだから、社会に自分の個性を捧げて、それを生かして豊かな社会を作らなければならない。現状は、男女の性別どころか人間は誰も同じとしたために、裏返しの差別になっている。この違うものを同じと言い立てる逆差別が、社会を活力のない澱《よど》みきったものにしたのは、当然の結末である。

※20、90、91、240日参照。

80日

政治も経済も「誰がやっても同じである」と現状維持派は主張するが、歴史を紐解《ひもと》けば政治も経済も人間の作ったものだから、個人の力量によって彩《いろど》り鮮やかに変えられたことがわかる。組織よりも、優れた個人が望まれるのだ。

◆人間は同じと考えるのも奢りなら、私でなくてはできないと思うのも奢りである。「知る者は言わず」と伝えられているように、声なき人達の無口は、無知ではない。いつの時代でも、社会の片隅に、我々を幸福にしてくれる優秀な人材が静かに存在していると思わなくてはならない。指導者に最も求められる資質は、これらの優秀な人間を見出して、活躍する舞台を作ってあげることなのだが、今では自分の地位が奪われないように、優秀な人間を抑圧することに関心があるようだ。

81日

民主主義は選挙民の一人一人が正しい判断を持ち、立派な行動のできる人間であるという虚構で成り立っている。この虚構は時に「劣等者の支配」を生むので、選挙民は絶えず「最良者の支配」を考え、人格重視でなければならないだろう。

◆ 選挙民の一人一人が政治的に成熟していなければ、権力志向の人間のプロパガンダに乗せられて劣等者に権力を渡すことになり、我々は愚者に支配されるのだ。これを防ぐために「何が正しいか」の哲学的な政治教育、それも選挙権を得る前の教育が重要なのだが、未だ行われていない。

●プロパガンダ　情報、心理を使って世論を一定の方向に持っていく宣伝活動。

※73日参照。

82日

スポーツもプロとアマの境界が不鮮明になったのは衰退の兆候である。プロは生活のために、アマは生活を忘れるために運動する。プロの日常とアマの非日常の区別を認識しないと、プロもアマも共に活力を失うだろう。

◆人間は日常と非日常の間を、意図的に形式や規則で縛って、生活が生きとしたものになるように工夫している。そのために形式や規則を嫌って自由化すると、かえって生活は輝きを失い、凡庸なものになってしまうのだ。お正月の晴れ着やお祭りの衣装は非日常を演出して楽しさを醸成し、戦後に流行の喫茶店は、絨毯《じゅうたん》や座り心地の好いソファーと名曲演奏などの家庭生活にない非日常の豪華な雰囲気の演出により栄えたが、今では我々が豊かになって豪華な雰囲気も日常化してしまい、これ以上の非日常の世界を作り出すことに失敗して、衰退に向かっているのである。

●プロとアマ　プロの選手が傲りを見せるのも滑稽だが、それでも職業だから止むを得ないが、アマが傲り高ぶっているのは噴飯ものである。一昔前の先人たちは、アマは立派な職業を持ちながらこんなことに時間を捧げて、挙句の果てに上手くなり申し訳ないという態度であった。

※13、171日参照。

83日

暴走族は、市民は交通規則をよく守り、暴走行為をしないことを前提に安全に暴走している。そして泥棒も暴走族のように法律を頼りに生きていて、他人様からせっかく盗んできた物を盗まれるほどに世が乱れることを心配している。

◆無法者は、自分だけが法律を破り、世間一般の市民はよく法律を守ることを期待していて、その中で利益を得たいと思っている。暴走族が交通信号のない原野では暴走行為を行わずに、秩序ある町中《まちなか》で無法行為をするのは、愚かなナルシシズムを安全のうちに満足させるためであり、無法の荒野を一番恐れている臆病者は、彼らなのだ。

84日

ネズミを過密な状態で飼うと、いがみ合い互いに殺しあうようになり、ホモセクシャルからノイローゼまで出現するという。人間の過密都市も同じであることを考えると、犯罪防止には利便性を犠牲にしても、ある程度の空間が必要である。

◆人間は、時々自分達が動物であることを忘れる。そのために動物のルール（自然律）を無視して人間のルール（迷妄）を構築し、人々に押し付けているのだ。逃げ場のない環境を押し付けられた人々は、自然律に反することなので、やがて、動物としても、破綻《はたん》してしまうのである。

●犯罪防止

通勤電車の混雑を考えると、最近頻発する痴漢やその冤罪が起こることは予想できたのだから、敗戦から七〇年以上も経つのに、この混雑を無視してきた政治家、官僚は、その責を負わなくてはならない。会社の通勤時間や学校の始業時間を変えるだけで、空いてくるのに、その対応を怠ったのだ。視察して、この混雑を見た時「こんなに混むなら、ただにしろ」と官僚に皮肉を言った運輸大臣もいた。

85日

アパートでひっそりと白骨化した人の話を聞くが、人におもねず悪事もせず、独立自尊の生涯であったかもしれないのである。あわれに思う人の方があわれなこともある。

◆結果だけを見てはいけないのである。もしも一生懸命、一生懸命、生きたなら、もうそれだけで、その人は「何者かであった」のである。今までに、誰からも、詳《くわ》しくその生涯を聞かせてもらって、その生き方に脱帽しなかった人生はない。

●独立自尊の人　強い言葉だが、強く見える人ではない。むしろ柔軟な優しい人である。無知に囲まれても相手を傷つけずに、普遍、本心で生きようとするのだから、疎まれ阻害されて一人にもなるが、心根は広くてやさしい。

※151日参照。

86日

我々は社会的権力に弱いといわれる。宗教や哲学という普遍原理としての、もう一つの価値観を持たないために眼前の権力に盲従することになる。人間社会には世俗権力と普遍原理という聖と俗の対立を通しての、ある種の緊張が必要なのである。

◆聖（宗教、哲学、芸術）と俗（政治、経済、その他の世俗権力）の間に緊張関係があると、何が正しいかが自ずから浮き彫りになってくるが、対立が消えると価値の多様性も消えて一つの価値観だけになるから、個人主義も育たない。活力ある社会を作るためには、どうしても、聖と俗の程よい緊張のうちにバランスを取らなければならないが、現在のように平衡に失敗すると、澱《よど》んだ虚無的な社会になるのである。

87日

殺人者は自分の命も惜しまない。あなたの生命は掛替えのないものであると誰も教えなかったから、他人の命も簡単に奪うのである。自分の「粗末にされた人生」の、この身を死刑執行されても反省はしない。死刑は世間への警告になるだけである。

◆自分自身のこの身が、一番大事な尊いものなのである。だから、他人も自分が一番大事なのだとわかるのだ。もしも、自分が粗末に扱われたら、その人は他人をも粗末に扱うだろう。自分が殺される者なら、相手も殺されるほどの者なのである。愛情をもって大切に育てられた者だけが、相手の掛替えのない命がわかるのである。

●殺人者　獄に繋がれている者たちは、皆が加害者の立場だが、かつて幼児期に疎外、虐待されて、いじめの被害者であった人たちも多い。幼い頃に、人も世間も信じられると思える経験がなく、何も信じられない敵地にいるが如く成長した人は、当然のように罪を犯すことになるが、長い人生の時間で見れば、その人はいったい加害者なのか、被害者なのか。誰か、その人の境遇を知って、泣いてくれた人はいたのかと思う時もある。「罪を憎んで、人を憎まず」とはそのことである。

※182日参照。

88日

犬は人間を誤解し、人間は猫を誤解しているというが、人間の間でも誤解することよって成り立っているものも多い。もし無知でいることが許されるなら、知らぬ幸せも多いにあるのである。

◆感覚器官により外界を認識している人間（動物）は、当然、感覚器官の能力の範囲内で外界を認識している。同じ夕日を見ても感動する人と感動しない人がいるし、天才風景画家が素晴らしい絵を描けるのも、彼の感覚器官にはそのように見えているのだとも考えられる。人間は、人それぞれの感覚器官の能力は変わらないと思っているので、その画家の表現能力を褒《ほ》めるが、現実に彼にはそのように見えたから、そのように表現できたのだと思う。

このように我々の外界認識は、人それぞれの感覚器官の能力によって見ている世界がまったく違う。だから、人間相互の理解は時に困難を伴い、そこに誤解が生ずることも多いのである。

また、近年では感覚器官（認識）のずれを利用して、政治も経済も、意図的に誤解させることにより成り立つ「騙《だま》しの部分」も多いのだから、誤解は無知に養われて、ますます日常的な存在になっているのだ。

※207日参照。

89日

共に生きようとする「共生」は福祉に留まるが、他人の苦しみを理解し、共に苦しむことのできる「共苦」になれば、これは哲学であり、宗教でもある。

◆今では、哲学も宗教も、日常生活の中で福祉の門前に留まるようになり、人間の壊れているために生じる、根源的な苦の世界まで降りて教え導くことはない。庶民は難しい言葉や儀式のなかに助けを求めているのではなく、この日々の生活のうちに、幸福になるための糧《かて》を探しているのだが。

●共苦　釈迦はこの世は「一切皆苦」と教えたのだから笑ったり、泣いたりしながらも慰め、助け合って生きるのが本来の姿。

90日

男性たちの悪徳に染まった合理的な女性に育児される子供は不幸である。愚かな子供であっても「わが子可愛さの身びいき」、他人から見れば「独断と偏見」によって、やっと育ててもらえるのが人間の子供なのだから。

◆世間の男たちの間では優勝劣敗が通り相場になっているから、そこに参加した女性も優劣の目的合理性に染まる。人生が始まったばかりの子供の頃に、ありのままに愛されるのではなく、ただの優劣の価値観で人生を決められてしまい、その母親から劣っていると思われて精神的に捨てられた子供たちは、その後は寄る辺の無い人生を送ることになる。

欧米にマリア信仰、我が国に観音信仰があるのは、決して偶然ではないのである。今でも捨てられた子供たちが、年老いてなお愛《いと》おしい父母を探し求める姿が見られる。神仏に親の罪の許しを願うとは、親のエゴのもとで子供は尊くも、哀れな淋しい存在なのだ。

※20、79、91、240日参照。

男は戦争を忘れ、女は子を生むのを忘れた。生きるための緊張感を欠いたこの社会は、その存在が希薄化し、やがて衰亡にむかうであろう。

91日

◆何かの目的のために、男女は同じだと怪しげな価値観を植え付けてみても、世界中のどこに行っても、女性は子供を産み育てることが中心になり、男性は子女を守るのが基本になっている。また、女性は美しく飾って異性の関心をひき、子育てのために清潔を好む。男性は力強さを誇示し、戦争のためには不潔にも耐えられるように作られている。

男女の性格は、長い間の慣習により形作られたので本性とは違うと主張する人もいるが、これは生物学的条件（自然律）であるから、この普遍価値を否定すると異様な男女が出現することは明らかである。

●戦争

戦争状態にありながら平和を模索し、平和に暮らしながら戦争に備えるのが正しい。平和に暮らしながら平和を言い立てる人は、戦争をしながら戦争を唱える人に等しく、いかにも正しく勇ましく見えるが偽善者である。

●存在の希薄化

先進諸国はどこも人口減少に悩んでいるが、豊かになると結婚もしない、子供も作らないとは豊かさの中にその原因がある。貧しく生活の危機に曝されていると種の保存を考えて、生殖行動に走り、反対に豊かになると種の繁栄の条件が揃ったと、種の保存の考えが希薄になる自然律があるが、それでもこれに抵抗する条件を作らないと、民族としては衰亡するだろう。

92日

才能がなくとも、ただ有名だから有名人である人たちが増殖している。猿も高い木に登ると、汚いお尻が丸見えになるのに。

◆自分に才能がないと思い込むのは、まだ才能のうちだが、才能がないのに才能があると思い込むのは、やはり才能がないのである。能力もなく有名にだけはなろうとする人が多いのも、大衆社会の特徴ではあるが。

93日

大実業家と言っても「たかだか金儲《もう》けが上手《うま》いだけの人間である」と庶民が考えているとすれば、世間に指導的言説をいくら述べても、効果はないだろう。

◆昔から、大衆はともかく、庶民の間では「お金より大切なことがある」と言われているのだから、利潤追求が目的の会社内の尊敬がそのまま世間に通用すると思うのは、愚かなことである。

94日

何が正しいことかは、数千年前から解っているのだが、それ以上に不正を行う方法もよく解っているので、哲学も宗教も無力化された。

◆人間に善悪を教えないで生身のままに放置すれば、壊れている人間は、悪に傾く。また、たとえ善悪の教育（自然のルール）を徹底して教えても、絶えず研鑽《けんさん》しなければ、たちまち人間のルール（倒錯知）を作り出して、哲学、宗教までも破壊するのだ。

95日

一部の政治家は正義を行うために政治家になったのではない。自己利益追求のために政治家になったのであるから、彼らが「正しい」と言う場合は利益があるということである。

◆悪徳政治家の最大の希望は、公の利益と見せかけて自分の利益を謀ることなのだから、利益の無いものについては、彼らは決して正義とは言わない。世のため、人のため、という普遍価値を持った政治も、今では自己利益を誘導するための幻想の虚構政治になったのである。

96日

コンピューターもソフトがなければ、ただの箱というが、人間も精神文化がなければ動物以下になる。

◆人間を人間らしく存在させているのは、虚実の物語を語り継ぐ精神文化なのである。虚とは普遍価値を持った虚構のことであり、実とは物質条件のことである。パソコンならソフトが虚であり、機械が実である。

人間を操るのは、この肉体という「物」を動かしている心と呼ぶ虚構（ソフト）なのだから、現在の産業社会の人々が、精神文化（虚）を軽視して労働力や効率にこだわり人間を物質（実）のように取り扱うなら、我々は家畜のように生きることになるだろう。どのような時代になろうとも、普遍価値に彩られた虚実の物語を物語ることによってのみ、人間は、人間らしく生きられるのだから。

※35、66、196、228日参照。

97日

無我無心とは、我が無い心が無いと読むのではなく、「我ではない、心ではない」と読む。では我とは心とは何かというと真我、本心を指す。真我、本心（アートマン）は宇宙原理（ブラフマン）であり、梵我一如《ぼんがいちにょ》とも表現される。（ウパニシャッド哲学）

◆ウパニシャッド哲学とは、古代インドのバラモン思想の基礎になった哲学である。我々のこの身体は、自分の意志と関係なく病み傷つき老いて死んでしまう。これは自分が自分でない証拠であって、自分の身体は自然律（宇宙原理）が支配しているのである。そして、この自然律を体現しているのが本心（真我）なのだ。

具体的には、森羅万象の流転《るてん》をいつも変わらずに「凝視する眼」、変転極まりない心のざわめきを「観察する眼」が本心なのだから、この移り行く世界を、いつも変わりなく冷静に凝視、観察して行動することが、本来の自分（アートマン＝ブラフマン）として生きることなのである。

●梵我一如　宇宙の最高原理ブラフマン（梵）と個体としてのアートマン（我）は本質的に同一であるとするウパニシャッド哲学の教え。

※24、364日参照。

98日

戦後社会の人心荒廃は、富の追求に偏重《へんちょう》することによってもたらされた。敗戦の原因は敵の物量作戦によると誤解し、物にこだわったあげく、伝統の精神文化を忘れてしまったのである。

◆敗戦の真の原因は、国民の哲学と、その組織の優劣であり、物量は二の次なのである。敗戦後の物的荒廃から立ち上がり、ある程度の完成を見たときに、我々は富の蓄積が目的ではなく、富を賢明に利用して普遍価値（幸福）を追求することが目的なのだと気が付いて、物への全力投球を止めるべきであった。今でも一部の物神崇拝の経済人が、生産拡大を人生訓のように語っている。

※２４７、２４８日参照。

99日

立派な邸宅には立派な人間が住み、美しい人間は心も美しいと思いがちな楽観的な人は、真実を知ることができない。立派な車に乗った犯罪者、美しい犬を連れた殺人者を見たではないか。

◆人間はフェティシズム（物体崇拝）になる傾向を持つ。性能の良い車も貴重な犬も、車や犬それ自体の価値なのだから、その性能や美しさを誇るのは車や犬自身だけなのであり、それらを所有しても、所有者自身の価値が向上するわけではないのだ。物や動物に意味付けをするのは、呪物《じゅぶつ》崇拝と同じである。

100日

点とは位置があって面積はなく、線とは長さがあって幅がないとしている幾何学は、この世に存在しないものを存在するとして社会に貢献してきた。科学も宗教に似ていると言う人もいる。

◆科学に対する信仰が揺らぐ時代になってきた。科学は人類の進歩に大きく貢献してきたが、ここにきて神の領域と言われるところまで侵すようになってしまった。「何かを得れば、何かを失う」と、人々は恐れているのである。

101日

武士とサラリーマンの決定的な違いは、武士は生活の中心に道徳律（忠義等）を据《す》えているが、サラリーマンは会社の目的である利潤追求が全《すべ》てである。利益だけで、新しい道徳律を持たないサラリーマンは精神荒廃の危険がある。

◆長年、功利的な人間ほど出世する会社に身を置いて居ると、利益のあることが全てと思う人が出てきても不思議はないが、人生には利益のない善いことも多いのだから、先人は「損して、徳（得）とれ」と教えている。利潤追求だけで、世のため人のためという視点がなければ、それは家庭を破壊し、子供達の人生をも狂わすだろう。

102日

官僚は法律に基づいて行政を行うことだけが仕事であるにもかかわらず、わが国では法律を作るべき政治家が法律を作らないで官僚が法律を作っている。これでは民主主義も機能しなくなるのは当然である。早く国会の下に独立の立法機関を作らなければならない。

◆民主主義では民意を抱いた代議士が国会で法律を作り、それに基づく行政官としての官僚が広く国民の意志を行政に反映しなければならないのに、我が国では選挙を通して国民の意志を代表しているとはいえない官僚が、その思惑通りに法律まで作って権力を集中させたがために、民主主義とはいえない官僚独裁の様相を呈するに至った。そして、国会はただの法律の通過儀礼の場に成り下がり、まるで様式化した劇場民主主義、劇場国家を見るが如くになったのである。

103日

自分の主張が正しいならば、たとえ四面楚歌《しめんそか》になっても、間違った人達に非難されるわけだから名誉なことである。自分で自分を誉《ほ》めるべきである。

◆いわれなく他人に非難されると人は怒るものだが、相手は無知のために何も知らずに非難したわけである。たとえ無知な人間でも、それなりに色々考えて勝手な発言するのを止めるわけにもいかないのだから、無知な人間に非難されたのは、むしろ自分の意見が正しいことの証明であると喜び、自信を持たなくてはならないだろう。先人は、敵対者が「千万人といえども、我行かん」と言った。

●四面楚歌　古代中国の故事。楚の項羽が漢の劉邦に囲まれたとき、四面の漢軍中から盛んに楚国の歌が起こるのを聞き、楚の民がすべて漢に降ったかと騙されて、驚き嘆いた話から、周囲がみな敵や反対者ばかりになったという意味。

104日

神のような人に会った。優しく奢《おご》らず正直で、物に執着なく感性豊かに静かに暮らしているが、彼は神と呼ばれずに、なぜか病人と呼ばれている。

◆人間は善く生きているとはいえない。或る人は一生眠り、或る人は何かの思いに取り付かれて、生涯を夢中で生きている。人間は病んでいるのだ。幼児、老人、病人の中に人間の素晴らしさの片鱗《へんりん》を見るとは、皮肉なことであり、人間として生まれたことの難しさでもある。

105日

人は何が幸福か解らないために、遂に快楽を幸福と思い違ったのである。心に動揺のないことが幸福なのだから、いつも平常心でいられる状態が幸福なのである。

◆肉体の幸福を計ると、それは快楽になる。エロティシズム、エゴイズム、ナルシシズムの満足を計れば、欲望の無限連鎖になって苦の種の尽きることがないのだから、人が願うのは心の幸福、魂の幸福なのであり、肉体の幸福、すなわち快楽ではないのである。

●エロティシズム　飽くを知らない色欲、色情狂、病理学用語の淫乱症。仏教哲学の欲愛（感覚的欲望）の渇愛と同義。

●エゴイズム　利欲。自分だけがあらゆる人間行為の目的であり、自分を利さないものは無価値とする我欲主義。善悪は相対的となる。仏教哲学の有（自己存在）の渇愛。

●ナルシシズム　自己自身に愛着すること。広義には名誉欲、権力欲。支配欲をも指す。仏教哲学の無有（非存在）の渇愛。石門心学では名聞。

※46、215、253日参照。

106日

社会の隅々に巣くう小悪党と接触することほど、人生の中で不愉快なことはない。会社や組織の上司が、したり顔をした小悪党の場合は逃げられないだけ不幸になる。これを恨《うら》まず憎《にく》まず精神的に捨て去るなら人生の達人。

◆人間は壊れているのだから、親、夫婦、兄弟姉妹、子供、上司、部下にも悪人がいることを想定しなければならない。しかし、「あってはならない」とその思考を封じ込めてしまったためにどれほどの不幸が起きたかは、涙なしには語れないだろう。身近な人間が悪人なら「捨《しゃ》」して、その上に「遮《しゃ》」するしか自己の安心立命を計る方法はないのである。このときに相手を憎んだり恨んだりすると、精神的に同じ平面上の戦いになり相手と同じ程度の人間になるから、平穏無事の「違う平面」での暮らしを、精神的にも物理的にも見つけ出さなければならない。

●捨　仏教哲学からの言葉で、悪い見解を捨て去り、物事を恨んだり憎んだりしないで、心の平静平安な状態（無関心で争わない）を保つこと。

※142、232日参照。

107日

子供や老人を手厚く遇しない社会は、豊かな文化の国とはいえない。子供は未来の歴史であり、老人は過去の歴史そのものだからである。

◆弱い者を助けなければ、助けないその人自身が弱い者になる。人間は常に弱い者がやがて強い者になり、強い者がやがて弱い者になるからである。社会現象を時の流れの中で透視図として理解しなくてはならないのだ。

108日

人はこの世に我慢するために生まれてきたと言う。生きとし生けるものは、生き物のルールに従って生きている。人だけが、そのルールを我慢とか忍耐の対象に感じる。

◆人は壊れているために、生き物のルール、自然律を束縛と感じている。我々を支配しているのは自然のルールだけなのだが、それでも、この自然のルールの上に人間のルールと言う迷妄を作り出して毎日を暮らしている。この人間のルールが上手く機能したと思うときは、それが自然のルールと一致したときだけであり、人間のルールによるのではないのだ。

個人、個性と言っても、人間と呼ばれる樹に生えた一つの葉と同じく、上に生えても下に生えても変わりはないが、それでも日当たりのよい上がいいとか、風当たりの少ない下がいいとか主張するのが人間のルールである。秋になれば、みな仲良く落葉するのに。

109日

日本の戦後の大企業は資本主義ではなかった。株主より従業員の一部を重視して、従業員会社主義または会社全体主義というものを作りだして、管理労働者が会社を占有し日本的資本主義と称した。

◆欧米の社会制度やその仕組みを導入するときに、我が国の官僚は制度のみを真似て、その制度の底に流れる精神性を無視することが多い。すなわちハードのみでソフトを欠くのだから、欧米の制度とは似て非なるものができ上がってしまうのである。

これは日本のトップ官僚が、古代中国の科挙制度の如くに法学部出身者だけで占められているので、十分な理解ができないうちに制度導入するのが原因であるといわれているのだが、それでも明治維新の頃は、武士達が欧米の制度導入を計ったため、資本主義にしても、片手にソロバン、片手に「論語」と、ソフト面にも配慮していたのである。

今でも、欧米諸国は片手に「聖書」、イスラム諸国は片手に「コーラン」を掲げているのだが、我が国の一部の大企業は、株主を無視して従業員の恣意的判断に任せたために、両手にソロバンになってしまい、まず倫理的破綻が起き、次に経済的破産が起きたことはよく知られている。

●論語　中国の孔子の言葉を書いた対話体の書物、儒教の四書五経の一つ。

●日本的資本主義　西山忠範武蔵大学名誉教授が数十年前に、その著書の支配構造論の中で、日本は資本主義でもなく、社会主義でもない会社制度を作り出したと学説を発表されたが、時の政府はこれを無視して放置したために、指摘された欠点がことごとく出現して各種の困難に陥っている。今すぐにでも、賢者の意見を取り入れなければならない状態である。

●制度導入　介護保険などもドイツを手本にしながら、愚かにもまったく違うものに変えたので殺人、自殺が多いと言われている。

110日

九十歳の老人は「人生は夢幻《ゆめまぼろし》の如し」と言う。かつてこの路地に住んでいた人たちは先立ってしまい、今では近所を歩いても知る人もなく、見知らぬ町を行くが如くになったと話している。人間とは人の間《あいだ》と書くのも理由あってのことである。

◆人は、人間《じんかん》の中でそれぞれの意識の網を広げて、何かの思い入れを持って生きている。意識の網が一部でもほころぶと何かを失うことになるが、親しい人が亡くなると一つの時代が失われたように感じるのは、このためである。老人にとって意識の網の中身は、たとえ古くても生き生きとしていて、建物、道、人など、全部が懐かしくも尊いものなのだ。

●夢幻　老人がなぜ人生は短く、夢のように感じるかと言えば、記憶は短く断片的に記録されているので記憶再生は短いものになり、それはまるで夢に似て「かんたん夢枕」と言われるように、一生を夢見ることも短時間でできるからである。

111日

世間のことは何事も料理を作るのに似ている。材料が悪くては、どのような名人上手でも立派な美味《おい》しい料理はできないものである。

◆人材にしても、人間には、確かにそれぞれの得手不得手があるのだから、早く優れた特徴を見つけ出して適材適所にしなくてはならない。善い材料とは、善く生かされた材料のことである。努力、努力と、その人に合わない仕事をさせるのは、その人を苦しめているのと同じなのだ。

現代を支配している思想は、人間誰でも努力すれば一流になれるというものだが、これは大嘘で、若者に過大な夢を持たせて破滅させる。いくら努力しても普通の人間は一〇〇メートルを一〇秒では走れない。持って生まれた能力、素質が決めるのだから学校教育の基本は、その子の特徴的な能力、素質を見ぬき、将来の職業的展望を教えてあげることに尽きる。

もし能力が劣るなら、それでもやっていける職業を用意しなくてはならない。江戸幕府は盲人には盲人だけの占有の職業を与えたのだ。現在の誰も同じ一律の教育では、青少年を失望させ、その将来を奪うことになるだろう。

112日

「人間として許せない」と叫んでいる当人が、過去に同じことをしているのが世間の通り相場である。あまり立派なことを言う人に会ったら注意すべきである。

◆生まれながらに壊れている人間は、自分のことも他人のこともよくわからないで夢中で暮らしているのだから、人を責めるにしても、幾らかの躊《ちゅう》躇《ちょ》がなくてはならない。人は、相手の喜びと悲しみが深く理解できたときに、初めて口ごもることから開放されるのだ。

113日

人間は不幸を上手に語るが、幸福を語るのは下手である。不幸は無数にあるが、幸福は静かな、目立たない、形の似たものが一つあるだけだから。

◆人生の目的は幸福に暮らすことだから、幸福についてもっと多くを語らなくてはならないのに、人が話したがるのは不幸話がほとんどである。幸福とは心穏やかな静かな生活なのだから、容易に手に入るにもかかわらず、人は快楽（エロティシズム、エゴイズム、ナルシシズム）を幸福と間違えて追求するために、快楽の結末としての不幸を多く語ることになる。幸福の反対が不幸なのではなく、快楽が極まって不幸になるのだ。

※105日参照。

114日

この世で善い友人に巡り会えなければ「古典に遊ぶ」のが良い。優れた智恵を学ぶのは人生の最高の喜びであるし、作者は生涯の「変わらぬ友人」になるのだから。

◆いつの時代を訪ねても、そこに流れる普遍価値には変わりがない。我々は日々の生活の中で、その時代の流行（ファション的価値観）を追って、人間としての普遍価値を見失う。

時代のファションを身に付けた人間は、キラキラ輝いて立派に見えるが、これと反対に普遍価値を持った人間は、流行に染まった同時代人から見れば地味な、目立たない、理解できない存在なのである。しかし古典を紐解いて色々な時代を観察してみれば、風雪に耐えて輝くのは、普遍価値を持った人々であり、流行を追った人達ではない。

115日

哲学とは不完全に生まれた人間が、完全に近づくための智恵である。そして完全には、なかなかなれないと知る智恵でもある。

◆世に言う一部の哲学は、我々庶民には理解できないし助けにもならない。古代ギリシャのソクラテスのように、日々の生活の中で日常の言葉の哲学を語っていないからである。

私の哲学は「人間は壊れている。人生は修復の旅である」が基本になっているが、この修復の旅、すなわち「善く生きるための冒険の旅」を志して、まず旅立つことが重要なのである。そして、この理想の旗印を掲げて、生涯を倦《う》まず弛《たゆ》まず歩き続けることを目的とする哲学である。もちろん、旅先で刀折れ、矢尽きることもあるだろう。旗伏して終わりになることもあるだろう。それで善いのである。これが、その人に与えられた人生のすべてなのだから。

116日

完全になった人間がいるとしたときに、宗教が始まったのである。だから哲学は地上のものであり、宗教は天上の物語なのである。

◆「哲学の貧困」といわれて久しいが、我々庶民は未だ確かなものを得てはいない。一部に難解な哲学、言葉の遊びの哲学はあるが、その中にはこの混迷した苦渋《くじゅう》の人生を助ける智恵は少ないのだから、地上の物語からの修復の道はまだ遠いと言える。

また、「神は死んだ」と叫ばれて久しいが、世間には怪しげな宗教が跳《ちょう》梁跋扈《りょうばっこ》していて、力の勝利を説く神、呪術的な現世利益を叫ぶ神仏等、我々庶民は混乱のただ中にある。

人々は普遍価値の物語によって救われたいのだが、これらの宗教から聞こえてくる唄は、権力や財力の物語なのだから、天上の物語からの修復の道も未だに遠いのだ。

117日

我々の壊れた人間社会では、他人の壊れた部分を早く見抜き、その犠牲にならないための善く生き抜く技術・作法を学ばないと、罠にかけられた動物のようにもがき苦しみ、ただバタバタと他人に隷属《れいぞく》した人生になる。

◆眼の前の人間が、譬《たと》え高位高官の人、有名な人、掛替えのない人であっても、その人間も生まれながらに壊れているのだと、「正しい見解」を持たなければならない。高い地位の人も有名な人も、能力あっての身分なのであろうが、その人柄には問題のある人も多く見られる。

世間の一部には「人格の逆転層」があって、上の階層に行けば行くほど、また地位が上がれば上がるほど人格崩壊の人に会うことがあるのだ。掛替えのない人（親子、夫婦、兄弟姉妹、親戚、師弟等）の場合も、相手が弱い立場で逃げられないことを知って、残酷な仕打ちをするのを随分見てきた。思い入れを捨てて逃げることが、消極的な卑怯な態度と思う人もいるが、肉体的、精神的にも逃げることが最善の「積極的な道」であることも多いのである。

118日

飽食の時代には、勇気ある一流の人間は世に隠れていればよい。罪なき庶民が苦しむ時代が来たならば、二流の人間を排除して、声なき庶民のために活躍するのだから。

◆一流の人間の条件は権力でもなく、財力でもなく、まして知力でもない。それは心の有り様であって、これが人間の根源を形作り、その人物の評価を決めているのだ。豊かな飽食の時代は物質中心の社会であるから、心の問題は軽視されて、一流の人間は表舞台に登場することはできない。その社会が、精神的に行き詰まったとき、初めて一流の人間が登場して、次の時代の扉を開くのである。

119日

よくやったのだから「もう自分を誉めたほうがいい」。人間には他人をさげすみ、おとしめて自分に隷属させようとする性格がある。他人の言葉の罠にはまるな。

◆自分で自分を責める人は多いが、自分で自分を誉める人は少ない。また、他人を責める人は多いが、他人を誉める人は少ないのだ。人間は生まれながらに壊れているのだから、失敗するのは当然予想しなくてはならないのに、人も自分も、それを責める。また自分で失敗を責めることにより、本当はもっと失敗の少ない完璧な人間なのだと、思い込みたい人までいる。

120日

「話せばわかる」と考えている人は、あまりに楽観的である。歴史をみれば、話しても叫んでもわからないから戦争になったのである。日々の生活の中でも、幻想に捕《つか》まった確信犯に会うものだ。

◆人間は迷妄（エロティシズム、エゴイズム、ナルシシズム）に捕らわれると確信犯になり、その迷妄を満足させようと、眼前の障害と思われるものと戦い始める。だから確信犯に会ったら、いくら正しく理を説いても、その理を説いた人を妄想実現の障害になる人と感じ、排除しなければと思い込むのだから、病人を扱うような慎重な態度で言葉と行動に注意して、それは妄想であると気づかせるのに時間をかけなければならない。

※22、71、125、259、260、261日参照。

121日

「あってはならない」と言うが、いくら言霊《ことだま》に縋《すが》っても現実に起きたことである。思い上がった言葉ではないか。努力もしないで。

◆我々日本人は、情緒的で理性的でないといわれる。言葉には霊力があって、善悪を言うと、それが現実になると信じている。また同じことでも言葉を変えれば、違うものになると信じているフシがある。

占領軍を進駐軍、門番を守衛、小使を用務員等きりがないのである。それに言葉や名称に大した意味もないのに、権威や専門家に盲従してしまうところがあって、先の大戦でも、日夜努力した参謀本部の作戦だからと信じ、結局負けてしまったのである。優秀な専門家が長い間研究したのだから間違いはないと、間違ったのである。一生懸命に努力したことはいつも正しい結果を生むと信じ、人間が誠心誠意努力しても愚かな結果を生むこともあるとは信じないのである。

人間は壊れているのだから、有名専門家でも失敗するし、だいたい物事は因中有果論になっていて、どのように言葉で飾っても、原因の中に、もうすでに結果が見えているのだ。

※41日参照。

122日

百メートルを十秒で走る人がいる。早く走るのは手段であって目的ではないはずだが、もし目的化したというのならスポーツは「悪い冗談」である。

◆人間は、物事の手段を目的化することが多い。人生の目的は幸福に暮らすことだが、そのための手段が目的になってしまうのである。先人は、スポーツで早く走る人を見て「よほど忙しい仕事の人だな」と言ったが、昔は早く走ることで何かの目的（飛脚、伝令、狩猟等）を達成していたが、今ではその目的を失い、まるで檻《おり》の中の猿がブランコに興じるように、ただ走ることが目的になったのである。

●悪い冗談　スポーツは爽快感や達成感があって、生活にも連帯感を生み出し、貴重なものだが、それでもあまりにのめり込むと、ただの運動能力に過ぎないのだから、他の知的能力などの練磨が疎かになって、挙句の果てに、筋肉モリモリだけの人間になるのは悪い冗談である。均整のとれた人間が望ましいのだ。

123日

学力向上は生活の糧《かて》である。人格向上は幸福になるためである。いくら成績優秀でも幸福にはなれないのである。

◆知識を蓄えるのは生活の糧であるが、智恵を蓄えるのは幸福になるためである。智恵もなく、ただ知識を振り回して驕《おご》り高ぶった人々は、ソフィストとして、知識の荒野をさ迷い、挙句の果てに自分の人生を見失う。そして、何故こうなったかの理由も解らずに、「人生とは、こんなものだ」と、自らを慰めるものだ。

124日

良く考え良く考え、行動して行動して、忘れよ。その次に出る言葉は自分の言葉である。その時こそ発言せよ。

◆「陽《ひ》の下《もと》に新しきことなし」と言うが、あらゆることを先人たちは考えていたのだから、我々はその糸口を探し当てて、ただその中から智恵を引き出せばよいのである。そして引き出した智恵を、自分の胃袋で自分なりに十分消化したら、その時は自分の智恵として発言し行動しなくてはならない。歴史上の知的巨人たちも、先人たちの智恵を消化吸収して自分の智恵を確立したのだから。

125日

人間は核爆弾や地雷を禁止しても、武器を変えて戦争するだろう。武器開発の熱心な研究努力を「人間はなぜ戦争するのか」の研究に振り替えたら良いと思うのだが。

◆他者を自分の思い通りにしたいという歪《ゆが》んだ壊れた願望のために、人は戦う。人間の思いが壊れているのだから、あらゆる武器を禁止しても人間性が変わらない限り、戦いの終わることはない。人間は、自分の、自分によるる、自分のための平和を言い立てることによって、他者を支配する平和の戦いを謀《はか》るほどに、壊れているのだから。

※22、71、120、259、260、261日参照。

126日

教師が知識偏重《へんちょう》を尊び、生徒の人格向上に努めないならば、教師の仕事は卑しいものになる。知識や技術を教えて職業人に成長しても、日常生活に「どのように生きるか」は人格が教え導くものだからである。

◆高学歴の優秀な人間も、自分で自分に仕掛けた罠（エロティシズム、エゴイズム、ナルシシズム）に嵌《は》まり、天下に恥を晒《さら》すのは、人格という警報装置が壊れていたからである。人間は死が訪れるその日まで、人格向上に努めなくてはならない動物なのだ。

※65、175、239、256日参照。

127日

親と子でしみじみと人生を語り合った経験の持ち主は少ない。日常の些細《ささい》な事柄にかまけているうちに、親は逝《い》ってしまったのである。その親も、又、その親も。

◆長い間、お先に生きてきたのだから、後から来る者に包み隠さずなんでも話したほうが良い。たとえ人生のほとんどを眠っていて、目が覚めていた僅かな時は、くだらない思いに取り付かれていた経験でも、「俺は、駄目だった」と一言添《そ》えれば、反面教師にはなるのだから。

※48、313日参照。

128日

旅をして、季節や天気、宿泊した場所によっても街の印象は違ってくる。表通りと裏通りでは見るものが違うのである。人生も自分の経験だけでは危ない。

◆自分の経験といっても瞬間風速を感覚するだけで、狭く、浅く、再現性すらない。楽しい経験を再び望んでも、そのときには物も心も変わってしまい、しみじみと万物流転を知るだけである。他者の経験を聞いたり読んだりして、自分の人生にその人たちの智恵を継ぎ足すことも、大いに必要なのだ。

※251日参照。

129日

最近の人間が忘れているのは、外から自分で自分の身体を制御する技術である。無理にでも笑えばやがて可笑《おか》しくもなる。泣きながら一里も歩けないのである。

◆人間は自然界の自然物なのだから、動物としての条件から逃れられない。この自然の動物としてのルール（自然律）を上手に利用して、絶えず揺れ動く心の喜怒哀楽をコントロールしなければならない。心とは、放って置けばふわふわと定まらず、どこへでも飛んで行ってしまうのだから。

130日

社会の構成には、富裕層も貧困層も必要なのである。努力して金持ちになる自由、努力しないで貧乏になる自由をも確保しなくては、本当の自由社会とはいえない。

◆金持ちを憎んだり、貧乏を哀れんだりするのは、不自由社会の特徴である。真の自由社会では高位高官になるのも、貧乏するのも、短絡《たんらく》を恐れずに言えば「人生の趣向の問題」に過ぎないのだから、それを望んだ人間の根源的価値（人格）とは関係ないのである。所詮《しょせん》、したいようにした結末が、結果貧乏、結果金持なのだ。

※164、244日参照。

131日

思いやりのある優しい人間の証明として、人は福祉をいうが、いまだ自分の財布を痛めて人を救う人は少ない。他人の財布だけをあてにしているのである。

◆政府が、国民の財布を「世のため人のため」と過剰にあてにする以上、国民相互が、相手の財布をあてにして、大義名分と共にその富を取り上げようと画策《かくさく》するようになったのも頷《うなず》けることだ。独立自尊、自助努力は、今では官民いずれからも消えたのかもしれない。

132日

「人は向上心を持たなくてはならない」と言うが、向上心とは物質的な経済的な向上心のことではなく、人格向上への努力のことである。美が、肉体の美ではなくて精神の美をめざすのと同様である。

◆人間は壊れているのだから、心の陶冶《とうや》、人格の向上を目指さなければ、幸福に一生を過ごすことはできない。強制のない豊かな自由社会では、職業も、その人が自由に選択した結果だから、その生業の中にも人格への向上心がなければ、その選び取った職業には貴賤が存在することになる。職業選択の自由のない貧しい一昔前は、「職業に貴賤なし」と言ったが、今の自由社会では強制なくして賤しいものを選んだ人間ならば、やはり、その人間の心が賤《いや》しいのである。

133日

人間の思考形態は節度を保たないと過剰思考になりやすく、すぐにも妄想形態に変化する。思考が沸騰点に達して妄想になると、人は熱狂的になるので判別できる。

◆熱く燃えている人間は危険である。熱く燃えている人間を推奨《すいしょう》し讃《たた》える人間がいるのは、その妄想に取り付かれた人間を利用して、利得を得たいためなのである。熱狂を喜ぶ宗教、仕事、趣味等の罠が多く存在している。

134日

言葉はいつも曖昧で、その意味も十分ではない。オランダ人の山とスイス人の山では違ったものになる。木と言われて、我々の頭の中にどのような木が浮かぶのだろうか。人それぞれの木を対象にして、理解を深めるのは困難な作業なのである。

◆言葉は未発達、不完全なものであるから、その言葉の表す概念も不明瞭になる。この曖昧《あいまい》さを利用して利益を得ようとする人間もいて、社会の混乱に輪をかけているのだが、心ある人達は、言葉よりも嘘のない「行動表現」を注視している。目に余る嘘や騙《だま》しは、人間と呼ばれる、この言葉を持った動物だけの現象なのだ。

135日

何故か早死にの人は、セカセカと何かに追い立てられているようにこの世で過ごす。人は自分の寿命を心の奥で知っていて、余命を計って行動しているのかもしれない。

◆緊張と弛緩《しかん》を巧みに織り交ぜて生活しないと、身体は消耗していく。他人を利用して、ただ利益を得たいだけの人間に激励され誉められる生活では、賞賛の声と共に死ぬことになるのだ。三つの病（エロティシズム、エゴイズム、ナルシシズム）に捕まった者の無自覚な、緩慢な自分殺しが多く見られる。

136日

好奇心を失ったら、もう長く生きないだろう。新しい知識が利用できないことを知っているからだ。御隠居が立派なでき上がった植木を欲しがるのは、金持ちだからではなく、成長を見守る時間がないことを知っているからである。

◆何事にも「知らせ」、前兆がある。それに気が付かないのは日常生活に紛《まぎ》れて「知らせ」を正確に読み取れないからであり、その判断の眼を曇らすのは人間の三つの病なのである。自然のルールが普遍原理なのだから、早く走れなくなったら厳しい労働ができないとの「知らせ」であり、歩けなくなったら、もう動物として長く生きられないとの知らせを持って来た、自然からの「お使い」なのだ。

137日

お金を欲しがる宗教があったら、それは偽物である。宗教は心や魂の救済が目的なのだから、金銭と最も遠い所にいるのである。

◆最近の怪しげな宗教は、ビジネスモデルとして存在しているようだ。人間は金銭という迷妄のために、どれほど多くの人達が、心に深手を負ったか計りしれないのに、その傷のもとになった金銭をまだ欲しがり、現世利益の物質的繁栄を説くとは、俗世間の悪徳商人そのものではないか。

138日

自然食とは、体力のある若者にとっては何でも自然食といえるが、足も萎《な》えた老人にとっては動物は捕《つか》まらず、植物採取がせいぜいなのだから、手に入る物が身体にも良い自然食になる。古代人のルールは、今もその年齢に相応《ふさわ》しい自然食を教えてくれている。

◆今では、人工的な化学肥料などの手を加えないものを自然食と呼んでいるが、昔からもう一つの自然食が存在している。これは年齢に相応《ふさわ》しいものを食べるという自然の流れに基づいた食事のことだが、飽食の時代では、むしろこの方が重要なのである。

現代に生きる我々は、頭の中は近代化（病的化）しても、身体はジャングルのルールに生きる古代人そのままの仕組みだから、この頭脳と身体の進化過程の乖離《かいり》が人間の三つの病の原因にもなっていて、そのために食事一つ考えても、生命維持の食事だけでなく、心理的食事や社会的食事を作り出して、我々の健康を蝕《むしば》んでいるのだ。

●三つの病

エロティシズム、エゴイズム、ナルシシズム。石門心学では色欲、利欲、名聞の三つである。

●社会的食事

人付き合いのために取る料亭、レストランの食事は美味であれば良く、食べれば健康になるわけではない。美食家が短命なのは、これが理由である。

139日

とかく物事を逆さまに判断する。金持ちはケチというが、倹約するからこそ金持ちになったのである。スポーツをすると健康になるというが、健康な人間だけがスポーツをしているのである。

◆人間の三つの「病」は、人間を倒錯思考に導く。病を通して眼の前の現象を観察すると、物事を反対に理解して、その本質を見誤るのである。病は実体を隠して、幻を実体の如くに見せるのだと、「正しい見解」を持って、その本質を観察することが必要である。

※13、45、235、270、324日参照。

140日

区別と差別を混同することがある。盲人が差別されたというが、よく聞けば、普通人と区別されただけであった。盲人を普通人と区別しなければ、両者を差別したことになる。反対に同じ能力なのに区別したら、これは差別したことになる。

◆人生で重要な事の一つは、他者との区別を知ることである。自分に何ができるか、人に何をしてあげられるかを見極めることである。教育の原点は、その人間の優れた能力を早い段階で見つけて伸ばしてやり、自己と他者のために十分貢献できるようにすることなのだ。

人間には色々な能力が存在するのだから、その能力によって人々を区別しなければならない局面があり、これを差別と間違う人もいる。同じ能力なのに区別したら差別になるが、違う能力なのに区別しなければ、やはり差別になるのである。

141日

哲学者は貧乏であるというが、真理探求のために金銭に関心がないための「結果貧乏」なのであって、その気になれば人間社会に通じているだけに大富豪も夢ではない。古代から金持ちの哲学者もいたのである。

◆富裕と貧困については、いくつかの誤解がある。世間の大富豪の人たちは世のため人のためと働いたあげくの「結果金持」が大部分を占めていて、金銭を目的に働いた人達ではないのである。日本の大企業の創業者を見ても「社会のために」が先にあって、金銭はその後に付いてきたのだ。手段に過ぎない金銭を、人生の目的にすると金銭は逃げて行く。「金儲けをする」と決心するのは迷妄なのだから、「結果貧乏」と「結果金持」を、よくよく考えなくてはならない。

※164日参照。

142日

人生で運悪く悪人に遭遇したら、「捨《しゃ》」することだという。捨とは心の中で憎まず恨まず、静かに退去することである。たとえ親子兄弟、上司でもなるべく接触を控えて、自分の人生を守らなくてはならない。

◆ 悪人達から精神的にも遠ざかり、彼らに支配された同じ平面上で暮らすことのないように心掛けなければ、悪人達もそれなりの楽しく魅力的に見える領域を持っているのだから、その罠に嵌まることになる。よく考えて、「楽しみに見える苦しみ」と「大事のように思える小事」を早く見分けて、捨て去らなければならないのだ。そして、人間は動物なのだから、逃げ去ることは消極的でも卑怯でもなく、最大の武器として利用しなければならない。

●悪人　地位も学歴もあり、楽しく魅力的に見えるが、悪いことを善いことと思って行動している善悪の判らない人。

※106、232日参照。

143日

正しいことを教えられても実行しないのは、教えられた人の奢《おご》りである。どうして実行しないと怒るのは教えた人の奢りである。人はいつも正しいことを実行するとは限らないほどに壊れている。世間のことは何事も自分で選ぶ「賢者の道」になっているのである。

◆単純に人が人を教え導くことができると思うのは妄想である。自分が自壊者であると自覚して、このままでは己の行く道は「愚者の道」と悟り、自ら修復に向かう者だけが、先人達の教えに導かれて、「賢者の道」を行くのである。

●奢り　世間を見ても、立派な親から立派な子どもが育つわけではなく、いい加減な親からも優秀な子供が育つこともあるのは、その親の家庭環境とは関係なく子供自身の生まれつきの能力の問題があり、自分の奢りを捨てて正しく判断ができるなら、立派な人間に成長する。何事も自分自身の中にある妄想に自分で鞭打って、消し去り、正しい道に行けるかどうかにかかっている。

144日

理路整然と嘘をつく人間がいる。その嘘を見抜くには時間がかかるものではあるが、鍵は自己利益誘導型の人間であるかどうかである。利益追求はかならず嘘を産む。

◆普遍価値を否定した自己利益追求の渇欲《かつよく》は、必ず嘘をつく。嘘は、他人のイメージを操作して、自他の人生を損なうものだ。エロティシズム、エゴイズム、ナルシシズムは、いつの時代でも、嘘を育てる「悲しみの根」である。

145日

変革の時代には強い者、利巧な者が生き残るのではなく、ただ時代に適合した者だけが生き残ると言われている。確かに予想外の展開が見られるから熟慮が必要になる。

◆時代の要請に応えたお返しに、人が羨む程の成長ができたのだから、時代が変われば、その時代と共に滅びてしまうことも多い。そして、これから来る時代を早く見抜き、その変化に対処した者だけが、次の時代の者になるのだ。

ただ残念なことには、大変革は善悪を基準に動くとは限らず、善人をも滅ぼしてしまうことも多いのだから、冷静な判断、覚めた分別と共に、力一杯に生き抜かなければならないだろう。

146日

生きるためには、時代にあわせて生きなければ生きられないのも事実だが、それでも時代を越えた普遍的価値観を持ち続けなければ、「善く生きている」ともいえない。ここで重要なことは「不易《ふえき》と流行」を見極めることである。

◆「変わるもの」を追いかけても焦燥《しょうそう》と倦怠に生きることになる。現象界は万物流転ではあるが、その中に「変わらないもの」として存在する普遍価値は、いつまでも変わらないのだから、その真理に基づいた正しい見解のうちに生きることが、万古不易《ばんこふえき》の大道を生きることなのである。

※19、213日参照。

147日

一見して、善人が魅力的に見えるとは限らない。むしろ悪人のほうが魅力的にうつる。悪人は心の中に企みを持つために、魅力的な演技をしてそれを隠すからである。

◆世間で「顔は履歴書」と言われているように、経験を積めば、その人がどのような人間であるかは、眼や顔全体の表情を見て理解できるものである。それでも中には「虫も殺さぬ顔」という演技もあって、判断できないこともあるから、その時は時間をかけて、言葉ではなく、行動を観察するしか方法がない。

148日

悪人は快楽をちらつかせ、欲望を刺激して、あたかも天国が眼の前にあるかのように、幻想を抱かせて罠に嵌《は》める。精神的には地位、名誉、金銭。肉体的には各種の欲望の罠である。

◆悪人共は、人間の持つ三つの「病」をよく研究していて、これを刺激することにより、人々を罠に嵌めていく。人間が普通に持っている欲望は、当然のこととして社会的に認知されているのだが、渇欲になると「病《やまい》」であるから、先人の教えた「汝自身を知れ」、「節度を守れ」を実行して、「病」の予防に努めなければならないのだ。

149日

悪人は必《かなら》ず「貴方のために」という論法を用いて利益を説くが、それは悪人自身の利益を隠すためであり、「これは私の進む道ではない」と悟るべきである。

◆悪人たちが人を罠に嵌《は》める時に用いる二つの愛用カードは「名誉」と「恐怖」のカードである。名誉カードの裏面は「利益」とあり、恐怖カードの裏面は「死」と書いてある。この二つのカードが、人間を支配する切り札と悪人たちはよく知っていて、歴史上の英雄たちも、このカードを巧みに使って天下を取ったと承知しているのだ。我々庶民は、覚めた分別と共に、名誉カードの裏面は「不利益」、恐怖カードの裏面は「脅し」でもあることを知って「我が道」を行くべきである。

150日

権謀術策のマキアヴェッリも失意の中で死んだ。あらゆる企みはいつか破れる。究極のマキアヴェリストとは人徳のある者のこと。生きとし生けるものの利益を願う者に破綻《はたん》はない。

◆言葉を発し、行動に移れば、その意図は必ず読まれる。隠せば、なぜ隠したかの理由を知られる。嘘をつけば、なぜ嘘をつくのか、その嘘で隠した真実を探られるのである。計画しないことが一番よい計画のこともあるように、動いても止まっても、動いたことの意味と、止まったことの意味を知られるのだ。

●マキアヴェッリ　フィレンツェの軍事外交家（一四六九〜一五二七）。君主論、戦術論を執筆。イタリアの政治没落とともに、その生命を終えた。

151日

孤独を恐れるな。一人で生まれて、一人で死ぬのだから、この孤独から逃げたら人生そのものを失うことになる。

◆人間は、他の動物のように強い武器を持たないので、身の危険を感じて集団化して暮らしてきた。しかし、その集団には、危険から身を守る代償として、他者を隷属《れいぞく》して恣意《しい》的に支配する人（権力妄想の人）が出現したので、また、新たな危険に身を投ずることになったのである。もちろん、今でも形を変えた隷属が残っているのだから、たとえ集団に属するとしても、「従っても、支配されない」ための工夫が必要になり、どこまで独立自尊を貫けるかが人生の最大のテーマになったのである。

※85日参照。

152日

孤立を恐れるな。悪い奴らに与《くみ》して賑《にぎ》やかに暮らすよりも一人の方が善い。親友が欲しければ歴史の中に見つかる。死者たちに多くを学べ。

◆歴史書を紐解《ひもと》けば、「人間は何者であるか」が書いてある。その中に埋もれている登場人物の死者たちから智恵を学ぶことにより、誰が師であり、誰が親友であるかが判るから、その人を人生の「同行二人《どうぎょうににん》」として、我々の目的である「善く生きるための冒険の旅」に出発するのである。

●同行二人　観音参りの巡拝者の言葉。仏といつも二人で旅をすること。

153日

仲間にしない（子供の頃は遊んでやらない）と脅《おど》すのが悪人の手口の一つであるが、悪い仲間に入らず、彼らから非難されるのは名誉なことなのである。

◆孤独を恐れると罠《わな》に落ちる。悪人は、孤独から逃れて来た人たちに悪行を教えて、その結果を笑うのである。悪い仲間は、悪いことをしなくては仲間と思わないから、善人を勇気のない馬鹿者などと、あらゆる悪口雑言を投げかけて軽蔑してみせる。

●悪行　犯罪的行為だけでなく日常の趣味や習い事まで、そこに真・善・美がなければ、身体と口と意思で、人の心を深く傷つけて悪い行為となる。例えば侘び寂びもなく、虚飾に満ちた茶道なら噴飯ものの悪行になる。

※157日参照。

154日

「皆、仲良し」は子供の頃からの呪縛《じゅばく》である。悪人とは戦わなければならないのに、その方法論は教えてくれない。当然、人は善人を助ける方法も知らない。

◆我々の周囲の人たちは、それほど善くも悪くもない人達だから、極悪人や聖人に会うことは少ない。だから、眼前の人間の中に少しの善と少しの悪を見極めて、善を勧め、悪を改める作業を、日常的に倦《う》むことなく続けなければならない。このために人間の一生は、社会に対してと、自分の心に対してと、二つの善悪の闘争史でもあるのだ。

※222日参照。

155日

発言者のほとんどの者は、自分の利益のためだけに発言する。僅《わず》かな者が、この世には正義があると信じて、その正義に依拠《いきょ》して発言している。

◆自己利益を考えないで社会全体の利益を説く人は、自己の欲望から自由でない人達からは、愚かな道化者に見える。この自己の欲望から自由でない人達は、自己利益を抑制して他者の利益を語る人間がいるとは、とうてい信じられないので、あくまで個人間の利益を平均調整したのが正義なのだと思い込んでいるのだ。そして、いくら経験を積んでも、この世には自己利益と関係ない正義（普遍価値）が厳然と存在しているのだとは、夢にも考えない人達なのである。

156日

自分の発言内容が自分の不利益になろうとも、真実を述べるのが「知識人」であるとすれば、日本には知識人は少ない。真実のためには「沈黙は金」ではなく、むしろ沈黙していれば悪人を助けていることになるのである。

◆我々日本人は、情緒的で理性的ではないと言われているが、確かにその場の空気を乱すことを恐れて沈黙することが多い。だが、空気というものは、誰かが根回しして結論の落とし所を作るために意図的に醸成したものだから、空気を恐れて沈黙すると、そのまま会議前の誰かが計画した結論に決まってしまうのである。そして、会議は有名無実化して結論を段取りした人達の罠に、みすみす嵌《は》まることになるのだ。

157日

悪人たちは、「お前を仲間にしない」と脅すだけでなく、むしろ積極的に仲間にして、小さな悪事から教え込み、だんだん堕落させる罠も有効に使う。

◆人間の三つの「病」を利用して人を堕落させていくのが、悪人たちの昔ながらの手口である。現在よく知られているように、外国の手先が一部の政治家、一部の官僚を腐敗させて売国奴と化すのも、これを利用しているのである。

※153日参照。

158日

釈尊は渇欲《かつよく》を、ソクラテスは無知をキーワードに心の病理学を確立した。我々はそれをよく学んだと言えるのだろうか。二千数百年も経つのに。

◆大衆は正しいことを知りたいとは思わないで、ただ利益のあることを知りたいのだから、政治家、官僚、実業家などの一部の上層部が大衆化した現在、人類の叡知《えいち》と呼ばれる歴史上の人物を顧《かえり》みる人たちが少なくなったのは、当然のことである。それでも、寺院や大学で細々とその思想を教えてはいるのだが、それはまるで歴史の彼方のおとぎ話のように実生活と遊離したものになってしまって、その思想を生活化できないでいるのが現実である。

このことは、我々の世界が先人の智恵を日常生活と関係ない、ただの知識として他人に売りつける、普遍価値を信じないソフィストたちの支配する世界になってしまったことを意味している。

159日

自らの野望を善意や正義に置き換えて巧みに隠す人がいる。あまりに善意や正義を言う人には警戒せよ。地獄への道は善意や正義によって敷き詰められているという。

◆ 生まれながらに壊れている人間が、声高に正義を言うときは、奢り高ぶった人間が、神の如く完全な者として発揚性《はつようせい》気分に浸《ひた》った時と、自分のよからぬ野心を隠すために、正義の言葉を利用する時である。一部の政治家、官僚の説く正義も、国民の無知を利用し、半ば強制的に金銭を集めて自分の利益になるように配っているのだから、どれほどの正義と言えるのだろうか。

160日

自分が正義の側に立つときに、自分の人間性がよく現れる。あまりに相手を攻めまくるのは、自分が正義を背負った完全な人間であるとする奢《おご》りなのである。

◆片時も忘れていけないのは、人間は壊れていることである。自分も他者も完全な者として振る舞えば失敗するのだ。そして、このことを考えれば「人を裁くな」「敵を尊敬せよ」の意味も判るはずである。

161日

人間もやっと法による支配を確立したのだが、この法にもいろいろ欠陥があって「とりあえずの正義」とも考えられるのだから、あまり法に執着すると失敗する。よき法律家が、よき隣人であるとは限らないのである。

◆どのような立派なことでも、執着してはいけないのである。この執着してはいけないと言うことは、人間が壊れていることの裏返しになっているのだ。自壊者が自ら立派なことと判断しても、実は間違っているかもしれないし、たとえ現在それが立派なことであっても、時間が経つにしたがって不正なことにもなるのだから、何事も執着して金科玉条にしてはいけないのである。

●金科玉条　最も大切にして守らなければならない法律または規則。

162日

イギリス人の良き家庭では、子供に、プリーズそしてサンキューを徹底的に教えるという。この言葉が「社会の作法」の基本語であるからである。我が国では希薄な言葉になってきているが、危険なことだ。

◆三つの「病」を持った人間が構成する社会で危険を避けて生活するには、誤解を招かない作法を早く身に付けなければならない。他人に、私は悪意のない人間であり、貴方にとって危険な人間ではないと知らせなくてはならないし、また自分の目的とすることを、よく理解してもらうことが肝要なのだ。相手の肩をポンと叩いてニッコリするだけで総理大臣になったと言われた、ニコポン総理大臣もいたのである。

※49日参照。

163日

利巧な人と賢い人とは人生が違う。利巧とは利に巧《たく》みであると書くように、利益が最高の価値観であり、その言行は利益を中心に動くために醜い。賢い人は善悪が最高の価値観であるから損得を度外視して、徳に向かうために美しく尊い。

◆ 利巧者で有徳な者、幸福な者は稀である。賢者で利益追求、快楽追求する者は稀である。利巧者は何事も利益を企み、利益で判断するが、賢者はありのままに何事も受け入れて幸福を願う。それぞれの違う人生なのだ。

※250、277日参照。

164日

この世には地を這うような者がいる。眼を落とし、少しでも利得がないかと動き廻っている。たまには大空を見上げて、広い世界を知るといいのだが。

◆自分がどのような風景の中で暮らしているかを知らない為に、「結果貧乏」「結果金持」を知らないで、右往左往しているのだ。相手の利益を計ることが自分の利益であり、世の為、人の為と働くことが、自分の為だと知らないのである。

●結果金持
大富豪（大企業の創業者等）の伝記を読めば解るが、彼等はお金儲けが目的の人達ではない。自分の願望（創意工夫）が、世の為人の為になる事と一致して、それが楽しくて拡大再生産を計って忙しく立ち働く内に、快楽に消費する暇もなく、自然に社会的禁欲（我慢）にもなって、結果として金持になったのである。

●結果貧乏
自分の快楽に奉仕するのを目的にしてお金儲けを考えれば、その逃げ水（快楽）を追いかけている内に、資本の蓄積（貯蓄）もなくなり、拡大再生産（研究投資）もしないから、お金はどんどん逃げていく。そして当然、社会的禁欲もしないのだから借金やリースで生活を飾ることになり、鵜飼いの鵜と同じで自分の労働の成果（魚）を、喉を紐（借金）で縛られているために飲み込むことが出来なく、結果的に貧乏になったのである。

※130、141、244日参照。

165日

人が克服しなければならないことの一つに「怒り」がある。怒りは我々を理性から遠い世界へ導き自他を破壊する。人間を、この世の地獄へ落とすのである。

◆怒りは、三つの病（エロティシズム、エゴイズム、ナルシシズム）から生まれるのだから、根源的な迷妄の世界なのである。怒りがこみ上げてきたら、早い段階で捨てなければ、怒りが怒りを生んで自他を破壊する。もし怒り狂った人間に会ったら、見るな、触れるな、逃げろ。

●怒り　自分の思い通りにいかないと怒りが生じる。たとえ自分の思いが間違っていてもだから、無知の成せる業といえる。

166日

陰口を言われても怒る必要はない。陰口が本当のことなら、怒らずに反省しなければならない。それが嘘ならば、本当の自分とは違う、自分とは関係のないことなのだから、やはり怒る必要はない。嘘をいちいち正して歩くことは、とてもできないのだから。

◆同調者や味方より、反対者、敵側の人間の方が、長所欠点をよく見抜き、批判してくれるものである。日常生活の中で、それを恨まず憎まず受け止めて、批判に耐えなくてはならない。「敵の言葉をよく理解すること」で見えてくる多くのことがあるのだ。

167日

ほとんどの「怒り」は幻想からくる。怒っても怒らなくても状況はあまり変わらないことを思えば、理性的に対処したほうが善い結果がでる。

◆憎悪《ぞうお》や嘲笑の言葉を聞いても、眼の前の人間が壊れていることを思えば、そして自分が不完全であることを思えば、怒りも消えていくものである。もしも、そのまま怒りに留まるなら、自分が不完全なことの追認になるだけであり、相手も自分も救えない。

168日

怒りの原因を作った人も、幻想により行動したのである。何を言い、何をしたか自分でよく判っていないのである。これを怒れば、こちらも幻想の世界から逃れられない。

◆三つの「病」が原因になった行動は、やがて迷妄のうちに終わるものである。この病の人たちに会ったなら、静かに退去して同じ無知の世界に入ることを、積極的に拒否しなければならない。先人は「馬鹿に付き合っても、こちらが馬鹿になるだけだ」と言った。

169日

先人は普通にある欲望を否定したのではない。渇欲という飲めば飲むほど渇く地獄の水のような、満足を知らない、飢えた欲望を否定したのである。

◆普通の欲望は望ましく必要であり、これがあるために日々の生活に希望を持って送ることができるのだが、この欲望が肥大化して渇欲に根ざした希望になると、我々の生活は破壊される。

ギリシャ神話の中で、人間のあらゆる悩み苦しみが入っていて、蓋を開けると災害、疫病が襲うと言われたパンドラの箱に「希望」が最後まで閉じ込めてあったのは、希望でも、渇欲からくる希望ならば、人間にとって災いになるという意味でもある。

●パンドラの箱　ギリシャ神話によると、人間が火を使うようになったので、神々はそれを罰するために、美しい箱を作り、その中に人間のあらゆる悩みと苦しみを詰めておいた。それを人類最初の女パンドラが好奇心のために開けたので、人間界にあらゆる不幸が拡がったが、箱にはただ一つ「希望」だけが残ったという。

※290、291日参照。

170日

普通の欲望は生活を彩り、文化を形成するが、渇欲は生活を極彩色に塗りたくり、文化を破壊する。華美、過剰は渇欲の前兆である。

◆社会生活の中で、学問芸術を問わず何事でも、変化早く、騒がしく、誘蛾灯のように人を誘い熱狂的にするものは、渇欲の状態なのである。華美、過剰を見たら「節度を守れ」の言葉を思い出して、渇欲を戒めなくてはならないのだ。

171日

戦争の二十世紀はスポーツの世紀でもあった。スポーツは人間の闘争本能を浄化せずに増長したのである。

◆スポーツから真・善・美の普遍価値が消えて久しい。現在のように優劣だけの競技になると、剥き出しの闘争本能による戦いになり、落ち行く先は、普遍価値がないために、実体のない虚無になる。猿がラッキョウの皮を剥《む》いて、最後に皮ばかりで実がないと投げ捨てるのに似てくるのだ。

※13、82、172日参照。

172日

古代オリンピックも武道も神仏の御加護により正しい者が勝ち、必ず善が悪を倒すのだということが前提にあったが、今のスポーツは勝つ者が正しいと短絡《たんらく》したために、善悪と関係なく強弱だけの、自力のみで勝ったとする奢《おご》り高ぶった勝者が生まれた。

◆先人たちは「勝負は、時の運」として、人間の力が及ばないものにより勝敗が決するのだと教えている。この言葉は、勝てばすぐにでも奢り高ぶる人間を戒《いまし》めるために作られたことは明らかだ。

※13、82、171日参照。

173日

生活の基盤に神仏（善悪の普遍価値）がなければ、強いことが善になり、弱いことが悪になってしまう。弱い善が強い悪に制圧された現代のように。

◆勝敗、強弱と関係なく存在するのが、善悪という普遍価値である。弱くても、負けても、善い者は善い者なのだ。最近の怪しげな宗教のように、「人生に勝つ」などと叫ぶのは、宗教は善悪を説くのが本分なのだから、論理矛盾なのである。

※9、21、242日参照。

174日

「市民のために」というが、市民とは概念であって、実際には市民という者はいない。市民と呼ばれている人をよく見れば、それぞれ名前のある正直者から小狡《こずる》い奴まで、いろいろと揃っている。市民のためとは「名前のある誰かのため」であると翻訳が必要になる。

◆悪人達は、自分の欲望を大義名分に見せかけるために概念を利用する。国民、市民、老人、若者らあらゆる概念を利用するのである。「それでは、若い者は承知しない」というが、若い者とは眼の前の発言している人間一人だけのこともあるのだ。

175日

教育者の中にも、目先の利益のみを説く者がいるのには驚きだ。彼らは真理の司祭であったはずなのだが、今や知識を売るだけのソフィストになったのだ。

◆現状は、最高の教育を受けても「口が巧くなるだけ」であり、「博学は悟《さと》らず」の状態である。現代のソフィストたちは、自己利益を謀《はか》り、野心を満たすことは教えるが、真理（普遍価値）に拝跪《はいき》することは教えないのである。

※65、126、239、256日参照。

176日

大企業の社長がテレビで「物事にこだわる人間は嫌いだ」と話していたが、物事にこだわる人間は嫌いだと、こだわっているのは自分自身なのだから、自分が嫌いということになる。

◆釈尊《しゃくそん》は弟子に「私は無学のために、どうか一つだけで悟る方法を教えてください」と問われて、それは物事に「執着しないことである」と教えた。たしかに有為変転《ういへんてん》する世界で何かにこだわり執着すれば、この世は苦の世界になり、その人は困難に遭《あ》うことになるだろう。それでも、この「執着するなかれ」はその人物の好き嫌いの問題ではなく、執着するとその人物は幸福になれないの意味なのだから、この社長がその人を嫌うのは度を過ごした態度と言うべきである。

どのような智恵を教えてもらっても、深く考察しないで発言すれば間違った意味にもなるのだ。智恵の後には「度を過ごすなかれ」の言葉が、いつも付き従っているのだから。

177日

民主主義とはいえない制度を作りあげた我が国の政治家は三流であるといわれたが、資本主義とはいえない制度を作りあげた経済人も三流であるとわかった。

◆民意を代表する立法者の政治家が法律を作らずに、行政官の官僚が法律を作るため、我が国の政治制度は官僚主導の国家社会主義と言われている。また経済制度は、資本の論理を否定して従業員の恣意《しい》に委《ゆだ》ねた結果、誰も責任を取らない、従業員主導の倫理的破綻から経済的破産を招く、会社全体主義になったのである。

178日

官僚国家の欠点は無謬性《むびゅう》にある。誤ることのない者であるとした官僚は、失敗しても「この局面では誰がおこなっても同じ結果である」と逃げて責任を取らないのである。

◆官僚は選挙によって民意を代表しているわけではないのだから、現存する法律に基づいて行政を行うだけで、法律を作ってはいけないのである。それなのに、我が国の官僚は、立場を越えて合目的的に立法にも深く関わっているのだから、顔のない、責任を取らない、疑似政治家になったのだと言われている。

179日

人間は、もし失敗の責任を取らなくてよいのなら、同じ失敗を何回も繰り返すようになる。敗戦の頃より年々、責任を取らない者が増えているので、緊張感のある「凛とした社会」は失われた。

◆人に優しくと言うが、失敗の責任まで許したら、その人に、失敗しても優しく扱われるのだと教えていることにもなり、失敗の共犯者になる。善人でも悪人でも、それなりの結果責任は問われなくてはならないのだ。誤解してはいけないのは、人間は壊れているのだからいつも寛容であるべきだが、それは厳しさに裏打ちされた寛容なのだということである。

180日

人間の本能が壊れている証拠は、基本的な本能といわれている食欲を見てもわかる。他の動物は満腹になると食べないが、人間は満腹でもつまんでみる。基本的な生命維持の食事のほかに、心理的食事やら社会的食事があるのである。

◆例えば食物の色や匂いの識別は、その食物が食べられるのか、食べられないのかの是非を問うために存在しているのだが、今ではこの色や匂いを利用して、欲望の上に欲望を重ねる道具にしている。食欲は生命維持が主たる目的なのだからその範囲に留めなくてはならないのに、過食のために病気になり、滑稽なことだが、生命維持が難しい状態になった人までいるのである。

181日

それぞれの世界に、それぞれの時間が流れている。数時間しか生きないといわれるカゲロウも、最後の一時間は退屈しているかもしれない。自然界は人間が考えるように存在しているわけではないのである。

◆自然界には空間（虚空）があり、その中に鉱物、植物、動物のそれぞれ固有の時間（変化）が存在している。空間に時間はないのだから、悠久の時（虚空）からみれば、人間は突然に生まれて人間固有の時間を消費し、突然に死ぬのである。そして、その人間が空間と関係なく勝手に経験する一人だけの変化を、時の流れと呼んでいるのだ。

182日

人間の性質は善か悪か、実際はカラッポの頭があるだけであって、その頭の中に何を組み込むかによって、善にもなるし悪にもなるのである。

◆人間は、生まれた時の性状の違いはあるが、善悪の判断を持って生まれて来たわけではない。他人から、自分から、頭の中に何を書き込んだかによって、それぞれの善悪の風景に住むことになったのである。幼い頃に悪を刷り込まれた、哀れな罪人とも言えぬ罪人がいるが、彼らは犯罪の加害者と呼ばれていても、実は悪を刷り込まれた被害者なのであり、正しく善悪の区別を教えられれば、別の人生を生きられたのである。これらの、やりきれない、悲しい話は無数に存在しているのだ。

※87日参照。

183日

革命家も革命が成功してみれば、宮殿で暮らすのを見ると王様になりたいだけであったとわかる。大義名分の美しい言葉より、行為の結果に嘘がない。

◆いくら言葉で飾っても、真・善・美が行動の中心になければ、それは迷妄になる。卑近な例だが、世のため人のために働くのではなく自分だけの快楽のために働くサラリーマンが、サラリーマンはつまらないと脱サラして、会社を起こして成功してみればそこで多数のサラリーマンを雇い入れることになるのだから、これでは「つまらないサラリーマン」を多数作り出していることになる。

また、国民を窮状から救うとして改革のプロパガンダで指導者になっても、無知のために混乱を招いたあげくに別の困難に陥れた指導者も多数いるのだから、自分の野望（迷妄）が動機ならば、満足な結果は得られないものだ。

184日

現在のように、人間を能力的に十五～十六歳で区別すると、遅智恵《おそぢえ》の人間は救えない。歴史に名を残した知的巨人は、かなりの人が遅智恵で大器晩成型であったのである。

◆知識が智恵になるには、かなりの年月を要する。若者のうちに優劣を決めて人間を選別してしまうと、現在のように利巧だけの智恵のない人たちが小利巧な社会を作り上げて、人々は澱《よど》みの中で暗く過ごすことになる。いつの世でも明るい社会は、智恵者を探し出して活用する方法を見つけ出した時に出現したのだ。

●小利口な社会　ペーパーテストに優れていても、答えのある問題に答えられただけで、世間にある「答えのない問題」には答えられない。この人が指導者になっても既存の答えだけだから、当然進歩はない。

※186日参照。

185日

醜くても、知恵遅れでも、「貴方はかけがえのない子供である」と、その母親は我が子を抱きしめているだろうか。このサインを絶えず送り続けなければ、その子供はやがて何も信じない反社会的な大人に成長していくのである。

◆子供は、親を信じられないと思ったときに暗黒の世界を見る。生まれて初めて見る社会は両親の世界なのだから、この小さな社会が、我が身を愛さず幸せを願っていないと判れば、自分にも他人にも破壊的になる。まさに、地獄はこの世にあるのだ。

186日

若くして、たいした能力なしと判別され定番コースを外れても、努力しだいでは幸福な人生が送れるのだと、その方法論を教えなければならない。これがないと、現在のように不安定な、嫉妬深い、犯罪の多い社会になる。

◆生まれながらに理解の早い遅いはあるが、知識の早い獲得が智恵になるわけでもなく、遅い理解が愚かな証拠でもないのである。人それぞれの性状は、人それぞれの能力でもあるから、その能力を早く探しだして適切に導き、世のため人のために尽くすことが幸福なのだと教えなければならない。

※184日参照。

187日

能力ある高学歴の人たちだけで会議を開いても、不満足な結果になるだろう。その結果を実行する圧倒的多数の人たちは、高い能力、高学歴でもないのだから、当然、現実の社会と遊離したものになるからである。

◆正しい意見を述べて、その実行を望んでも「貴方はそのように考えているのか。それは貴方にとって正しく、私にではない」、「貴方が考える正しいと思う生き方をすればよい。私は、私の正しい生き方をするのだから。所詮《しょせん》、人は別々に生きているのである」という人たちで構成されているのが人間社会なのだから、熟慮と覚めた分別が必要になる。

188日

能力を操《あやつ》るのは心である。悪い心で能力を操れば悪人と呼ばれ、善い心で能力を発揮すれば、善人と呼ばれるのである。即ち人格が能力の主人であることは自明の理である。

◆心がネジ曲がっていれば、そこから生まれるのは悪智恵、悪巧みなのである。人とは、「身体を使役する心」そのものであると言われているように、我々の行動を決めているのは、心の有り様なのだ。

※365日参照。

189日

世間でいわれている能力とは、狭い範囲の一時的な能力を指しているのである。人の幸福な人生に、最も必要な能力は学力ではなく、簡単に外から計れない智恵、勇気、忍耐、正義、寛容などの美徳なのであるから、軽々しく人を判断してはいけないのである。

◆生計をたてるための身過ぎ世過ぎの狭い範囲の能力も必要ではあるが、この能力で一時的に栄えても、時が経つうちに衰えていくのは徳性に裏打ちされていないからである。智恵、勇気、忍耐、正義、寛容等の徳性の伴わない能力は、どうしても永続的ではなく、光り輝くこともない。

190日

「鬼手仏心《きしゅぶっしん》」は特定の人たちだけの課題ではない。昨今の軟弱な優しさは偽物である。強さ、厳しさに裏打ちされた優しさが本物である。

◆教育一つとっても、落とし穴の多い世間で、平静に独りで生きていく術《すべ》を、強く厳しく教えなければならない。この強く厳しく教えることが、これから来る困難に対処するための、その人への精一杯の優しさなのだ。世にはびこるのは、優しさを演技する偽善者である。偽悪《ぎあく》者のほうが悪に見えても、偽善者より優しいことに注目したい。

●鬼手仏心　医療の手術などは身体を切り開き、鬼のように残酷に見えるが、患者を救いたい仏のような慈悲心に基づいているということ。

191日

中庸《ちゅうよう》の徳とは、真ん中をとってバランスを計ることではない。人が右に寄り過ぎたと見れば左により、左に寄り過ぎたと見れば意識的に右による普遍価値の平衡《へいこう》である。

◆わけ知りの世慣れた人間から見れば、どの点が中庸かは直ぐにわかる。もちろん善を勧め悪を押さえる視点に立つわけだが、どうしても悪に対しては、ほんの少しだけ寛容にのぞむことになる。それは人間が壊《こわ》れていることを考えての悲しい譲歩なのだ。

192日

他人の長短、軽重《けいちょう》、高低、美醜、貧富、優劣、善悪、賢愚、有無などにこだわって一日を過ごしてしまうとは情けない。人生は短いというのに。

◆我々はボンヤリ生きているか、つまらないことに拘《こだわ》って夢中で生きているのだ。これだから、人間は眠っているか、何かに夢中になっている「夢の中」と言われ、老人に人生とは何かと問えば、チンプンカンプンと答えるのだという。

193日

名誉、地位、金銭、利益、食欲、性欲に対する渇欲を生活の中心に据えると、欲望の無限連鎖になり、焦燥と倦怠を輪廻《りんね》する。

◆釈尊も政治家になろうと思ったが、人間の渇欲は、黄金の雨が降っても満足しないことを知って諦《あきら》めたという。真の自由とは、この渇欲から自由になることだから、人生で欲望をうまくコントロールできたならば、もうそれだけで、その人は「何者か」なのだ。

●喝欲　これに嵌まると、川の中にいて水が欲しいと叫んでいる状態になり、満足も感謝もなくなり、心が休まる時はない。

194日

どれほど高価な有名絵画を部屋に飾っても、それは文化財、文化遺産を飾っているとはいえても、文化生活をしているとはいえない。文化生活とは精神の有り様であって、物量そのものではないのである。

◆優れた物を持っても、学ばなければ、優れた人間にはなれない。素晴らしい音楽を聞きながら、悪行を重ねる人物もいるのだ。芸術そのものが心豊かにしてくれるわけではなく、芸術を通して人間は、かくも素晴らしく、かくも残酷なのだと学ぶことにより成長するのである。

我々は一枚の絵から人間の物語を聞き出しているのだろうか。着飾ってギリシャ悲劇やオペラを観ても「人間は何者か」を学ばなければ、善く観《み》たとは言えないのだから。

195日

宴会を酔わずに観察すれば、緩慢《かんまん》な自殺をする人たちがいることを発見するだろう。世間のあちこちにも社会的幻想という酒に酔いしれて、緩慢な集団自殺をする組織体が認められる。

◆快楽（エロティシズム、エゴイズム、ナルシシズム）を幸福なのだと思い違えば、過剰な行為にのめり込んで、緩慢な自殺をすることになる。各種の組織体も真・善・美を捨てて、社会的幻想としての快楽（組織だけの利益）に走れば自殺行為になるのは、歴史の示す通りである。

※46、105日参照。

196日

精神的な破綻老人に会うことがある。思い通りに行動したが、思い通りの結果が出なかったのである。「思い」が幻想であったために、虚無的老人になったのである。

◆世間は「虚実の世界」なのである。我々は、物事の上に概念（虚構）を被せて暮らしているが、この概念の内容（思いと行動）により、それぞれの違う風景の中に住むことになる。

これを簡略に言えば、「概念」の虚構世界は、真・善・美に基づく虚構世界と、真・善・美のない幻想としての虚構世界の二つがあり、この幻想としての虚構に生きると、その思いも行動も幻なのだから、虚無になるのである。また、虚実の「実」とは、真実のことではなく、物事の物質的な現実条件のことであるが、この物質条件も、物自体には何の意味もなく、真・善・美を被《かぶ》せて、その物体に意味づけした「実」でなければ、価値を見出せずに虚無になるのである。

例えば、立派な邸宅に住んでも、真・善・美のある家庭（虚《きょ》）に意味があるので、それがなければ、いくら邸宅が立派でも、その建物（実《じつ》）は、幸福を求める住人にとって、何の意味もない物となるのである。

※35、66、96、２２８、２７２日参照。

197日

人生で確実なものは、本心に基づいた自分の意志と行動だけである。これを間違えば人生は失敗に終わるが、他者の思惑《おもわく》に従って破滅する人生よりも、潔《いさぎよ》いとは思う。

◆この世に生をうけ、生まれて初めて経験する世界なのだから、誰もが、無知で経験不足を悩み苦しんでいる。この状態で、熟慮なしに無知な他者の意見に従えば、失敗するのは当然のことである。まして人間には、他者を自由に牛耳《ぎゅうじ》りたいという妄想があるのだから、「覚めた分別」がなければ、結果は始めから見えているのだ。

※２３３～２３８日参照。

198日

人の口の中にはナイフが隠されていて、鋭利な言葉で人の心を切り刻む。悪口雑言の自覚がないだけに、長々と得意満面だから始末が悪い。やがて他人に向けたナイフが自分の胸を刺すとも知らずに。

◆先人は、人間という者は身体と口と意思により、他者を傷つけるのだと教えている。三つの妄想（エロティシズム、エゴイズム、ナルシシズム）に突き動かされて自傷、他傷の迷妄の世界を行く人が多いのだ。

199日

哲学がなくとも、その場その場を巧みに切り抜けている人がいるが、その人生を総括して見ると失敗に終わっている。戦術だけで戦略（真・善・美）のない人は、リズムだけの「メロディーのない音楽」なのである。

◆嘘一つとっても、嘘が、嘘と判るまでは時間がかかるので、これを利用して利益を得ようとする人たちがいるが、その場逃れになるだけで、ゆっくりと真綿で自分の首を絞めていくものだ。なかには「政治家や外交官は嘘をついてもよい」という大嘘まである。

200日

戦略としての普遍原理（真・善・美）、具体的には智恵、正義、誠実、克己《こっき》、寛容、勇気等の徳性を持つ人は、その優れた徳性のためにかえって人生の節々で「大衆からの反撃」という困難にあうが、生涯を通してみれば立派な幸福な人生になっている。

◆大衆の反撃とは、大衆は我が身の姿や考えと違う人間を忌《い》み嫌い、無知を指摘されると、知らないのが何故《なぜ》悪いと身構える人達なのだから、少しでも向上心のある庶民を見つければ、攻撃の的にして、低次元の同一化を謀《はか》るのである。

201日

寡黙《かもく》の人も色々である。何も知らないために発言できない人、知っていても教えてくれない人、今は言う時ではないと寡黙の人、よく観察して判別しなければならない。

◆沈黙は、何かを雄弁に語っているのである。自分自身の中にも、色々な沈黙が、同じ形で見出せるのだから、この沈黙が何を語っているのかをよく理解して、他者との共存を計らなくてはならない。

202日

饒舌《じょうぜつ》の人も色々である。何も知らないのに言葉だけ並べる人、嘘を隠すために饒舌の人、多くを知っているために多くを語る人。それでも饒舌の人は、寡黙の人よりわかりやすい。

◆嘘つきの饒舌の人も、その嘘が仮想現実の中の自己表現なのだから、観察を続ければ隠した真実が自然に見えてきて、この人は、今生きている現実を否定して、自分の嘘の世界で幸福に浸りたいと思っている、哀れな境遇なのだと判るものである。

203日

法治国家ではあるのだが、日常生活の隅々まで法律の網をかぶせるわけにはいかない。だから、その間隙を縫って社会に巣くう小悪党が活躍して日常生活をねじ曲げているわけだが、これに対抗できるのは、いつの世でも「庶民の常識」だけである。

◆我らの隣人が、渇欲の三病（エロティシズム、エゴイズム、ナルシシズム）を持つときは、多種多様な困難を醸《かも》し出す。大義名分らしきものに自分の野望を包み隠し、我々に対して、それは貴方の義務であると説得に掛かる。そして考える間を与えずに、易しいことだと思わせて、結論に導き、罠に嵌めるのだ。この時はなるべく時間をかけてよく考えれば、相手の言葉に包み隠された渇欲も見えてきて、貴方の義務と言われたことが、そう言っている人の義務であり、決して我々の義務ではないと判るものである。

※46、105日参照。

204日

善い伝統から善い常識が生まれ、悪い伝統から因習という鬼っ子が生まれ、非常識を常識と言いくるめて我々を苦しめる。

◆長い時間をかけて庶民の幸福を願って作られた伝統も、大衆は自己利益のために利用するので、いつの間にか因習化してしまうのである。そして、大衆は、昔からのものは何事も善なる守るべきことだと、自分の利益のために、いつまでも主張して止まないのだ。

205日

庶民の常識と大衆の常識とは大いに違う。「大衆の常識」は伝統を懐疑《かいぎ》することなく受け入れて、昔のしきたりは何事も最高善であるとしたため、悪《あ》しき因習となり、庶民にとっては非常識なものになったのである。

◆大衆は伝統を賛美するあまり、庶民の幸福にならないものにもしがみつき、その変化を拒む。幸福よりも、ただひたすら因習を守ることだけを希望しているのだから、大衆の希望は、庶民には大義名分を振りかざした「災い」なのだ。

206日

「庶民の常識」とは人々の幸福を目的としているから、熟慮のうえ、昔のしきたりは二の次と考えている。大衆の常識のように因習を守ることに快楽を見出してはいない。

◆古いしきたりは、その時代の意味付けがされているのだから、時代の変化と共に変わるのは当然である。それを知らない大衆と違って、庶民は、しきたりの中に「変わらないもの」である普遍価値を見つけ、悪しき慣習は捨てたうえで、それを守ろうとするのである。

207日

人間は人間を誤解している。他者の頭の中がわかったら、もう誰とも連帯できなくなるかも知れない。誤解があることによって幻想的に連帯しているとは、人間は辛《つら》く淋しいのである。

◆壊れて生まれてきた人間は、その頭の中は迷妄で一杯なのである。その人の大事な希望を聞かせてもらっても無知に彩られた望みであり、自分にとっても、他人にとっても「災い」のことも多い。人間が群棲動物だとすると、苦の種の尽きることはない。

※88日参照。

208日

大衆の幻想の中で特徴的なのは、他者を自分の思い通りにしようとする支配幻想である。人間は三人寄れば階級制度を作りたがるものだ。

◆男三人寄れば階級制度、女三人寄れば家族制度という。人間の持つ三つの「病」から醸《かも》し出す幻想の一つが、この支配幻想なのである。世間を見渡せば、権力と富を道具に使って人を自由に支配したいと思っている人物も多いのだから、真の自由を得たいなら、権力と富を懐疑して、これに距離を置くのが最善である。

209日

やくざな人間は、話に負けそうになると言葉尻を捕らえて喧嘩に持っていく。理性の世界から感情だけの世界に持ち込めば、やくざでも勝ち目があると思っているし、喧嘩は善良な人間にとって「道理の墓場」になることを知っているからである。

◆感情は、うつろい易くとりとめのないものである。これに縋《すが》って生きれば、騙《だま》され易い不安定な人生になる。悪人は、人の感情を揺さぶって自分の利益誘導を謀るのが常套《じょうとう》手段であり、しかも、速戦即決なのは、相手が時間をかけて理性的に考えることを、恐れているからである。

210日

戦争は政治の延長であると言うが、近代戦争で経験したことは、理性的政治とは反対に、暴力団の喧嘩と同様、理性とはかけ離れた地獄、餓鬼、畜生の世界であった。

◆政治は、ある点から見れば、利益分配の構図で成り立つのだから、政治の延長である戦争も、理性的でないのは当然である。すなわち、戦争はどれも理性的ではなく、ただのパワーゲームなのだから、善い戦争などと、そこに善悪を見ようとするのは間違いなのだ。

※22、71、120、125、259、260、261日参照。

211日

物事を教えるに、軽蔑と共に、その無知を笑うが如く教える人がいるが、危険な人物である。自信を失わせ、他者の精神を破壊し、知的奴隷の地位に落として優越幻想に浸りたいのである。

◆支配幻想に取りつかれた人物は他者に情報を与えないものだが、たとえ与えるにしても、できるだけ意味深長に、情報は少なくして、自分の優越的立場を保とうとする。教え方がおかしいと思ったなら、早くその人から離れなければならない。意図的に間違ったことを教えられて、人生を棒に振った人達を見たのだ。地位も高く、立派な学歴もあり知識も豊富だが、魂の腐った「インテリヤクザ」もいるのである。

212日

物事を教えるに、共に学ぶが如く、優しく、自信を持たせるように教える人がいる。学問は伝統文化であると考えて「死ぬべき人間としての義務」を果たしているのであるから、この人の心は清明で奢《おご》りはない。

◆我々の知識は先人から受け継いだものであり、自分のものは、何一つとしてない。これぞ独創と思っても、先人の中に同様なものを見つけることができるのだから、奢り高ぶりは醜いものになる。

213日

不易《ふえき》と流行を考えないと人生は危ない。万古不易の大道などはないと構えているのが大衆の特徴であるから、彼らは流行を追って焦燥《しょうそう》と悔恨《かいこん》のうちに老いる。

◆大衆は「確かなもの」を知らない。流れ行くものに縋《すが》って泣き、そして、笑うのである。変わり行くものに「確かなもの」はないのだから、それをどこまで追いかけてみても、決して心休まる時は来ないのだ。

※19、146日参照。

214日

求めて役職の多い人がいる。自己顕示欲《けんじよく》が強いのだろう。まともに仕事をする気がないから、どんどん役職を引き受けるわけである。

◆自己顕示欲は、人間の基礎疾患である三つの病（エロティシズム、エゴイズム、ナルシシズム）の症状である。優れているわけでもないのに、欲だけで人の上に立ち、人を支配したいのだから、この人たちが支配する社会は、劣等者の支配する不愉快な、愚かでもある社会である。

先人は、会合で上席に座って話している者に碌な者はいない、彼等は人に話しかけるのは上手いが、自分自身とは掘り下げて話したことのない人だと言っている。

215日

過ぎた性欲がエロティシズムになり、過ぎた自己保存欲がエゴイズムになり、過ぎた支配欲がナルシシズムになるのだから、当然、過ぎた幸福思考が快楽思考になる。

◆人間以外の動物は、欲望が過剰な状態になると自然に調整する仕組みになっているが、人間は生まれながらに壊れているために抑止力が働かないので、いつも度を越してしまい、三つの「病」の状態になりやすいのである。

※46、105、253、296日参照。

216日

末端の役人の中には、法律の施行に忠実のあまり、法律そのものの善悪を疑うことを忘れている者がいる。もしそれが悪法のときは、たとえ上司の命令でも、行動に移れば、いつの日か犯罪者と呼ばれるだろう。

◆神ならぬ人間が作った法律なのだから、絶対的な正義ではなく、人間社会を円滑に営むための「とりあえずの正義」なのである。このとりあえずの正義に固執してしまうと、時代の舞台が廻ったとき、自然に存在する普遍価値（自然律）はいつまでも変わらないが、世間一般の人間相互の価値観(人間律)は変わってしまい、困難な立場に立たされることにもなるのだ。

217日

悪法下の庶民の暮らしは、その生活のうちに巧みに風穴を開けて悪法を飼いならし、良い法律へと誘導していくことである。現在も幾多の悪法が存在するのである。

◆「法律に従っても、それに支配されてはいけない」のである。その法律が、自然の持つ普遍価値に適合し、庶民の幸福を願うだけで、庶民の支配を狙ったものではないと考察した結果、それを受け入れなければならない。

218日

奢《おご》れるプロは「お前に話して解るのか」と嘯《うそぶ》く。解るか解らないかは、まず話してみなければ解らないのにである。庶民のうちには、どのような専門的学説でも良く理解する人間がいるのである。

◆昔から自信に満ちた「専門馬鹿」と言われる人たちがいて、長い間一つのことに没頭しているうちに、世間の常識を欠いてしまい、自分だけが何でも理解できるのだと思い込んでいる。世間は広大で、未知なものが充満しているのだとは、夢にも思わないのである。

●専門馬鹿

難しい試験に合格して専門家になり、その専門知識を使って社会に貢献しているが、試験は答えのある問題だから、それにいくら巧みでも世間にある「答えない問題」に応えられるわけではない。今求められているのは、社会の答えのない問題に答えを出して、社会を少しでも前に進める人物なのだから、試験制度の確立した現在では探し出すのが困難な状態である。

失われた二〇年は、試験に巧みな人たちが答えのある問題だけに安住して起こした停滞だから、傍流に隠れる創造的人間を見つけ出し活躍させる時である。これができないと既存の解答しかないから進歩はない。

●反知性主義

アメリカや日本でもエリート、知識層に対する反抗が見られるが、これは専門馬鹿に対する不信と見てよい。専門に習熟すると何でも解った態度になり、指導的論説を弄するが、実は一部のみで、知性に見える知性でないもの、非知と言える思惑の無知を述べているにすぎないのだ。失敗すると偶発的、想定外と逃げて、責任を取らないのである。

庶民は指導者、エリートが、思惑の無知を知性として見せていることに気が付いていて、原子力発電事故、高校生の冬山安全講習における雪崩死亡事故などを経験して、偶発、想定外に備えるのが専門家、エリート集団ではないかと反問しているのだ。これだから反知性主義とは、知性に反対しているわけではなく、知性に見える思惑の無知に反対しているので、反非知性主義なのである。

219日

あまりに悲観的な人間は、日々の生活に苦労するが、人生の総括は失敗が少ない。あまりに楽観的な人間は、日々の生活に楽しそうだが、人生の総括は失敗が多い。

◆人間は、物事を理性的に判断することが、とても難しいのである。今、良いことでも、時間が経つにつれて悪いことにもなるから、物事の成り行きを熟慮して行動しないのならば、将来、苦も楽も逆転すると観念しなければならない。

220日

先人の言うが如く「人間とは、身体を使役する霊魂である」とすれば、我々が日常生活で最重要視するのは、どのような霊魂であるか、すなわち人格なのである。

◆ 我々の行動全体が、人格の表現なのだから、人格が行動を決定してると言える。すなわち、あの人格の持ち主だから、あのような行動をとるだろうという未来の行動様式もよくわかるのである。人間の一生は、その持っている人格によって、生涯の設計図が描かれているのだ。

※11、325日参照。

221日

「和」の思想は、理解の仕方によっては危険な思想である。悪人に対する危機管理が欠落しているからだ。ここで必要なのは人間性に対する深い眼差《まなざ》しである。

◆自由、平等、平和、戦争も、軽いノリ、浅い判断で理解している人が多い。人間がどれほど悪く、どれほど素晴らしいかを知らなければ、そして、その思想の結果を知って、天を仰いで絶句したことがなければ、人間を十分に理解したとは言えない。

222日

世間では「皆で仲良し」と言うが、悪人とは仲良くしてはいけないのである。「親に孝行」というが、悪い親にどう対応したらよいか、誰も教えてくれないのである。我々は日常の悪に対して何の準備もなく、孤独で無知で生きている。

◆他者だけでなく、「善なるもの」だと教え込まれた国家、政府、社会、学校、家庭が「悪なるもの」になったときは、我々は非常に混乱し、生存すら危ないものになる。この地球上のどこかで、今も或る国家が、その国民を抑圧し、国民に対して直接のテロ行為を行っていることを思えば、我々は、それに対する確固たる思想も持たずに、無知で生きていることは否定できない。

※154日参照。

223日

他者との違いを認識し行動することによって、自己も社会も豊かになるのである。現在のように皆と同じならば安心し、違いがあると不安である社会は不健全である。

◆人間は群棲《ぐんせい》動物なのだから、群がって暮らすには、同じ考え、同じ行動の人間の方が便利で効率的ではあるが、しかし、この便利や効率は、人間を幸福にしないのである。没個性のまま同じように扱われると、それぞれに不満が残るのだから、人間はお互いに個性を尊重しながら、ある程度の距離を保って暮らすのが、幸福につながっていると判る。

224日

強引に自分の意見を押しつける人がいるが、この人は視野の狭い夜郎自大な狭量な人間であると思う。大きい川は、荒川しか知らないのである。ライン川もセーヌ川もガンジス川も、決して知ろうとは思わないのである。

◆ もしかすると、自分の意見は間違っているかも知れないと思うのが哲学の始まりなのだから、迷妄に落ちることなく、広く研鑽を積み重ねて、自分の思想を絶えず吟味修正するほどの覚悟が必要なのだ。

●夜郎自大　夜郎民族の王が漢の広大なことを知らず、自らを強大と思って、漢の使者と接したことから、自分の力量を知らないで、幅を利かす態度をとることの意味になった。

225日

人間は「私に何でも相談しなさい」とか「私の言うことに間違いはない」というが、これは大きな幻想であって、自分ができもしないことを他人に強要し、その実行を迫る結果になることが多い。人は、それぞれの勝手な発言を繰り返しているのである。

◆自分ができなかった悔《くや》しさのために、他者にその実行を勧めたり、自分ができたのだからと言ってその実行を迫ったりするのは、所詮、無理なことなのである。人間は、心からしたいと思うことしか、できないのである。衝動的な人間に、いくら衝動的になるなと言っても、その人が、本心から止めようと思わない限り、止まらないのである。どの人生をみても、深く知れば知るほど、その人はそれしかできなかったのだと、知ることになるものだ。

人に言えるのは「我が身、試さん」と善く生きるための冒険の旅に出て、精一杯努力するのだと言うことだけである。そして、その結果は誰も知らない。それが人生なのである。

226日

人の思いは深い。思慮深く観察しても計り知れない。悪心も善心もその奥で繋《つな》がっていることもある。軽々しく判断してはいけないのである。

◆人の思いは深く流動的で留まることを知らない。善悪を行ったり来たり、その人自身も知らないほどである。結果に顕《あら》われて、初めて知って、悔《く》やまれることが多いのも、このためなのだから、日々の生活に熟慮を要する。先人は「敵を愛せよ」とまで言った。

227日

人は「生まれて、初めて生きている」のであるから、誰も経験不足である。政治家、裁判官、医師、会社員、親も子も、生まれて初めて経験する立場だから、当然失敗も多い。人間性の理解が深まれば、努力と寛容が必要であるとわかるのだが。

◆人間は試行錯誤の上に生きている。先人の残した学問、芸術から普遍価値を学ばなければ一寸先は闇。自然のルールである本能が壊れているのだから、自らの経験だけでは五里霧中なのである。人間が、お互いに壊れ苦しんでいるのだと解ったときに、初めて恩讐の彼方《かなた》へと行けるのだ。

●親と子　親は子供が言うことを聞かないと悩むのが常だ。成人すると子供は親と違った時代を生きることを知っていて、親の価値観ではなく、これから生きる時代の価値観に染まっていくから、話が合わない。それでも普遍価値は、どの時代になっても変わらないのだから、親は一生懸命にそれを教えようとするが、子供はその時代を支配する目先の流行の価値観と、普遍の価値観との区別が甘いので摩擦が起きて、いつも失敗する。

228日

人には虚実の物語がなくては生きていけない。文化、即ち宗教、哲学、そして演劇などの文学を学び、また、自分の親の人生への姿勢などを見て、「どのように生きるか」の物語を作るのである。

◆ 人間は動物として生まれてきても、本能が壊れているために、本能そのままでは生きられないので、意思伝達の手段として、言葉を覚えることから始めたのである。そして、この言葉の内容を操《あやつ》ることで、社会的な物語を構築して生存を計っているのだから、どのような物語を作るかによって人生が決まるのだ。

しかし、言葉で表現される概念は、現実とは違った虚構なのだから、ここで一番重要なのは、その虚構が自然のルールとしての普遍価値（真・善・美）で作られているのかどうかということである。もしも、普遍価値のない幻想の虚構で作られているのなら、その人生は文字通りの虚構になり、空虚な物語となる。

●虚実の物語　人間社会は、虚構を被せて現実の世界を作ったのだから、善く生きるためには、その虚構の中で普遍価値を物語らなければならない。

※35、66、96、196、272日参照。

229日

経済効率からは文化は生まれない。余暇、無駄のもたらす混沌から秩序が生まれ、人間性が加味されると文化になるのである。

◆普遍価値の真・善・美が、その基調に存在しなければ文化にはならない。優れた人間性を捨てて、快楽主義を練り上げても風俗になるだけである。これだから、利潤追求（快楽）だけの企業社会ならば、文化が生まれることはないのである。

230日

それぞれの時代は、それぞれの罠を持つ。戦前は「国家」であり、戦後は「自由・平等」である。目的合理性だけのソフィスト達が、本来の意味を逸脱して、まったく違ったものに加工したあげく、庶民を罠に嵌めるのである。

◆戦前の「国家」の評価は、歴史家の手に委《ゆだ》ねるにしても、一つだけ言わせてもらえば、敗戦により、優秀な多数の国民を失う結果になったのは大失敗であった。これでは国家構想に大きな欠落があったと思われてもしかたがないのである。

今また、自由、平等をめぐって一部の政治家、官僚、学者たちが、本来の意味の自由平等とは違う発言をくり返している。庶民は、彼らが自分の野望のためなら、白を黒と言いくるめるソフィスト（詭弁家）であることを心配しているのだ。そして、また、その野望に身を委ねて「いつか来た道」を行くのなら、それは無知というより、無辜《むこ》の民《たみ》の敵であると思っている。

231日

猿の「毛づくろい」と同じように、人間も地位の確認行動をとる。電話で自分の秘書に相手を呼び出させる時は、相手は自分より地位が低いと誇示しているのである。地位同等の人に、これをすると相手はかならず敵になる。

◆ナルシシズムの罠に落ちた人は、身体と口と意思で多くの敵を作る。単純な動物の世界では、地位は種の存続のために重要でもあるが、動物として形骸化した人間にとって、地位とは、組織を守るための仮の姿なのだから、人間の価値としての人格とは、無関係なのである。そして、この仮の姿（擬態）に執着すると、檻《おり》の中で威張っている猿と同じで、むしろ滑稽である。

232日

相手の性格が解らない時は、特に眼と口の動きを注視する。狡猾《こうかつ》な人間には狡猾な表情がある。それでも解らない時は、表情の真似をしてみて、どのような感情が胸中に浮かぶかにより、その人物の性格を決定する。

◆エゴイズムの罠に落ちた人は、ひたすら自己利益を追求するだけでなく、他者を騙《だま》したり、破滅させたりすることに快楽を見出している。経験を積めば、とりすました顔の下に、何が隠されているか、よく解るものである。

●狡猾な人間　他人ならともかく、親、兄弟姉妹の親しい人が狡猾、冷酷な人間（サイコパス）だと、悲惨な困難な状況になる。血縁を盾に人の内奥に迫り、その人の人生を破壊することがあるのだ。その時はたとえ親、兄弟でも「捨」して遠ざかり、自分の人生を守らなければならない。時間が経てば冷静になり、誰もが生まれながらに壊れているのだからと、哲学的観点に立って許すことができるようになる。そして悲しくも、懐かしくなるだろう。

※106、142日参照。

233日

古代インド哲学では、人間の身体の中には本心（真我）と呼ばれる人が生まれながらに持っている本然《ほんねん》の心があり、その周囲に妄心と呼ばれる欲望に執着して氷の如く固まった心があると分析している。

◆古代インド哲学とは、中期ウパニシャッド哲学の「ヨーガ・スートラ」をさす。その説く所は、人間の精神原理は、真我（本心、本然の心）と心（妄心、欲望）とが結びついて存在しているのだと言う。

●ウパニシャッド哲学　古代インドの「ヴェーダ聖典」から始まり、紀元前六〇〇年頃に成立、祭式主義から脱皮して主知主義になった奥義書。

●ヨーガ・スートラ　ヨーガ学派の経典、五世紀頃に完成。精神原理は真我と心が結びついていて、その心を滅すると真我の独存（解脱）になると説く。

●本心と妄心　不動智神妙録を書いた沢庵禅師の言葉。本心は真我、妄心はヨーガの説く心と同義。

※197日参照。

234日

本心が支配者として妄心をコントロールする時は、自然のルールに従っていることになるから、すべてが成就《じょうじゅ》するが、反対に妄心が支配者として本心を抑圧する時は壊れた人間として苦の世界を輪廻《りんね》する。

◆本心が妄心から離脱する時、我々は初めて幸福な状態（真我独存）になる。日常生活で理性とか良心というのは、本心の属性を見たのであり、その片鱗に接したのである。老子の言う「無為自然」も、自然のルールに従うだけがよいので、妄心から生まれた人間のルールに従うと迷妄に落ちると教えている。

235日

本心は絶えず妄心の影響を受けるが、本心が主体者としての力量を発揮すれば、妄心の存在は妄想に過ぎないと知ることになり、その影響は消滅する。

◆妄心の描き出す世界は、我浄常楽の無知であり、倒錯妄想なのである。本心が教えているように、人間の世界は、無我、不浄、無常、苦の世界なのだから、これを強く認識して執着から離れることにより、平安を得ることができるのである。

●倒錯妄想　我でないものを我と思い、汚れているものを浄と思い、変わるものを常と思い、苦を楽と思うような、物事を逆さまに考える妄想。

※45、139、270、324日参照。

236日

主体者としての力量とは、本心が絶えず休まず妄心を凝視観《ぎょうしかん》察《さつ》して、妄心の正体を見極めることにつきる。妄心とは感覚が生んだ妄想体系なのだから。

◆妄心の正体とは、例えば、この身体は自分の願いと反対に老い衰えて死んでしまうのだから、自分の意志と関係なく存在し、自分の意志と関係なく消滅する肉体を、とても我とは言えないはずであり、当然、妄想なのである。だから、妄心に従えば「我あり」と妄想を描くことになるが、本心に従えば、普遍価値（自然のルール）が我なのであり、その外に「我なし」と教えているのだ。この我ではない身体に「これが我である」と取りすがれば、たちまちのうちに、迷妄に落ちることは明らかである。

237日

妄心の世界は妄想の世界であるから、思い通りに行動しても、希望通りには決してならない。焦燥《しょうそう》と悔恨《かいこん》の苦の世界なのである。

◆妄心の世界とは、欲望の心が一つのことに止まって、氷のように凝り固まった状態だから、自由な発想、自由な行動ができなくなる世界である。例えば、肉体、財産、官職などの自分でないものに執着して迷妄となるのである。

238日

本心の世界は普遍原理の支配する世界であるから、水が低きに流れるが如く、思い通りに行動して希望通りになる幸福の世界である。この本心の扉は、たゆまぬ努力と直感により開き、自己と普遍原理が同一（梵我一如）と知ることになる。

◆妄心の観察者としての本心は普遍原理と同一なのであり、普遍原理には妄想の描くような「我」はないのである。我々の日常生活は、本心と妄心が結びついて生活しているために、妄心が経験する苦の世界を、本心も共に味わうことになるから、本心が妄心の観察者として独立して妄心と離別することにより、初めて本心の本質である自然のルールに従った状態になり、幸福の世界が開けるのだ。（真我の独存）

●梵我一如　ウパニシャッドの核心をなす言葉、ブラフマン（梵）とアートマン（我）が本質的に一体であるという思想。ブラフマンは宇宙の最高原理、アートマンは個体の本質。

239日

少年犯罪が多発している。他人の基本的人権を侵すのなら、自分の基本的人権をも、他人に差し出すべきである。侵害の程度により自分の人権は消滅していくのである。

◆人間は、十四歳前後に大人になるための身体の多種多様な変化もあって、精神的にも危険な状態になる。ここで因中有果論の「こうになれば、ああになり、ああになれば、こうになる」という人間社会の基本を教えて十分に理解させないと、その人間の人生は間違った展開になる。そして、世に喧伝《けんでん》されるのは基本的人権と呼ばれる権利ばかりだが、その権利を持つには、権利と対の義務、すなわち、人間相互の生存に必要な基本的義務も守らなくてはならないと教えなければならないのだ。

●基本的義務　例えば自分の基本的権利である生存権を強く主張するのなら、他者の生存権をも護る義務が生じるのである。宗教で見ると仏教の基本的義務（戒律）は、殺すな、盗むな、淫らになるな、嘘つくな、酒飲むな、の五戒であり、キリスト教では旧訳聖書の基本的義務（戒律）としてモーゼの十戒がある。

※65、126、175、256日参照。

240日

男女同権の社会だから、女性の委員の数を増やすと言うのは、性による差別である。優秀な委員を選んだら、たまたま女性であったとするのが、正しい男女同権の社会である。

◆男、または、女ということで差別されることはないが、その人の能力によって区別されるのは当然のことである。なかには、自分の優れた能力に気が付かないために、他者の優れた能力をも認めないで、能力差を性差として強く男女同権論を主張する人がいるが、この人は、他人も、そして自分をも、価値ある一人の人間として認めない真の差別論者なのだ。

241日

人権宣言によると「すべて人間は、生まれながら自由で、尊厳と権利とについて平等である」としたが、神の前の自由、平等はともかく、現実社会では人は生まれながらに不自由で不平等なのだから、人間社会の努力目標として、せめて「言論、信仰の自由、恐怖、欠乏からの自由」と「法の前の平等」を守らなくてはならないのである。

◆生まれながら不自由、不平等の人間を、人は生まれながら自由で平等であるとしているのは、宗教世界の「神の前の自由、平等」が、その底流にあると思われる。人生とは、それぞれの与えられた不自由、不平等な条件の中で、どれほどの「善く生きるための冒険の旅」ができるかに懸かっているのだから、自由、平等とは、人それぞれが自分の人生の旅の中で、自由に振る舞い努力するという条件の下で、平等なのだと理解している。

神仏も哲学も、勤《つと》め励《はげ》まなかった人間の受ける不自由、不平等は、当然の結末としている。我々は、とかく不自由、不平等を言い立てて、努力しなかった言い訳にするのだが。

242日

神の尊厳とは関係なく、神を利用して、庶民を虚妄《きよもう》の「抑圧の世界」に導いた人達の存在が、庶民を神から遠ざけた。神の代わりに法律を招来したが、法律は神の如くに絶対正義ではなく「とりあえずの正義」であるために、庶民の動揺は続く。

◆神の名において民を抑圧する者は、自分が神になりたい本質的な無神論者なのである。奢《おご》り高ぶり、民を従えて、自分の外に神はいないのである。そのために庶民が神を捨てて、法律により人々の連帯を計れば、今度は自分が神になりたい人間は、法律の守護神として政治家、官僚の姿で我々の前に現れる。庶民の浮かぶ瀬は、未だ見つからない。

※9、21、173日参照。

243日

公人と私人に分けるのは、法人と個人に分けるのと同様に言葉によるごまかしである。これでは責任をとる人がいなくなる。社会には、いつでも十分に責任の取れる独立自尊の個人だけが居るのだと思わなくてはならない。

◆政府から町内会まで責任を取る人間が少なくなった。政策を実行するにも、長所だけ述べて欠点は極力隠し、うまく全体の同意を取りつけて全体責任と化して、失敗しても、一蓮托生《いちれんたくしょう》なのだと責任を取らないのである。

指導者とは、失敗したときは、最高責任者として腹を切るのが日本古来の伝統であった。人間は責任を取らなくてよいとなると智恵も出ないから、今では、その場逃れのソフィスト（詭弁家）が指導者となっている。

244日

貧乏になったら人は平等であるべきと言い立て、金持ちになったら今度は自由にすべきだと強弁する。理想は自由に貧乏したり、平等に金持ちになったりすることなのだが。

◆「他人の牛を数えるな」の諺《ことわざ》があるように、羨望は人の心を深く傷付ける。豊かでも貧しくても自由に振る舞った結果ならば、そして、善く考えて行動したと自信があるならば、そのときは他に道がなかったのだと、その人生を受容しなければならない。「結果貧乏」「結果金持」のどちらになっても、自分の行為の結果としっかり受け止めて、今を楽しむのが最善なのだ。所詮、人生はどう逃げても、自分の知能、才覚に帰する「知の旅」なのだから。

※130、141、164日参照。

245日

エピクロスの「隠れて生きよ」は消極的な生き方ではない。積極的に世の煩《わずら》いから逃れ、他人の目的のために働くのではなく、自分の人生の目的のために生きるのである。

◆人は、それぞれの自分を駆り立てて、まるで自分を仇敵《きゅうてき》の如くに取り扱っている。それほど喜ばなくても、それほど悲しまなくても、恨まなくても、待っていなくても、来ても去ってもよいのである。外界のことは生成流転するのだから、それに拘《こだわ》れば、心は翻弄《ほんろう》されるだけなのだ。「心静かな幸福」が人生の目的なのだから。

※8日参照。

246日

人は病気になりたくなくても病気になり、死にたくなくても死んでしまう。それは自分が自分でないからである。「自分が何者であるか」を理解するには、本来の自己と普遍原理が同一（梵我一如《ぼんがいちにょ》）であると認識しなくてはならない。

◆自然物の一つである人間が自由に振る舞えることは、自然のルールに基づいた「行為」だけである。そして人間とは、「身体を支配する本心」そのものなのだ。もちろん、そのことに気が付かないで「身体を支配する渇欲の人」、「身体を支配する幻想の人」もいるが、彼らは長い長い夢の中で、ただただ暮らしているだけである。そして、いつかこの夢から覚めるなら、その時こそ「自分がどれほどの者か」を知ることになるのだが。

※238日参照。

247日

わが戦後の人達は、貧乏から逃れる術《すべ》は良く知っていたが、豊かになったら何を目指し、どのように暮らすかの研究を怠《おこた》った。

◆大戦後の困窮《こんきゅう》の中から、豊かさを目指して衣食住の充実を計り、今では衣食住の豊かさは十分になったが、心の豊かさを、未だ見出すことができないでいる。物の充足を望むあまり、物が豊かになっても、まだ不足していると思い込み、限度を越えてしまったのである。物を使いこなすのは心だから、究極の豊かさは心の問題であり、この研究がなければ、人間は満足感を得ることができないのだ。

現在の物質的豊かさの中の精神の飢餓状態を抜け出すには、文芸復興（ルネサンス）して、心の豊かさを取り戻すしか方法がない。演劇一つとっても、「人間は何者であるか」を日常的に演じ見せているのだから。

●文芸復興（ルネサンス）　十四世紀から十六世紀にかけて、イタリアに始まり全ヨーロッパを席捲した大規模な文化的、社会的運動の総称。

※98、248日参照。

248日

古代ギリシャの最盛期には、その豊かさを、詩、演劇、哲学として結実したことを思えば、我が国の文化は恥ずかしい状態である。

◆日本の国土復興は産業復興こそできたが、文芸復興ができなかったのは何故だろうか。我々は、物の豊かさが人間生活の豊かさなのだと誤解したのだ。たしかに生活の基盤に物の豊かさがなければならないが、ただの物欲だけでは心からの満足はなく、幸福な生活はおぼつかないのである。豊富な物量の中で、満足を知らない不幸な人間が多数出現することになったのは、このためである。

※98、247日参照。

249日

知的人間を肉体的快楽に陥《おとしい》れては、文化は生まれない。知的人間を精神的快楽（真・善・美）に向かわせた時に、初めて文化が生まれるのである。

◆才能ある前途有為の人間を快楽（立身出世、経済的成功、名誉）に向かわせてはならない。もしも、それらを望んでも、出世して何をするのか、豊かな経済力を何に使うのかを問い続け、その答えを探すことによって、人間の真の目的を学び、生涯に渡って理想の旗印を掲げ続けることを教えなければならない。

名誉一つ考えても、それは行為の結果なのだから、「どのように行為するか」が最重要課題なのであり、後世の史家の批判に耐えることが、真の名誉と呼ぶに相応《ふさわ》しいものなのである。（同時代人からの称賛は、むしろ危ない）

250日

人間には利巧馬鹿と馬鹿利巧がいる。この二者は利巧と賢いの違いの如く、まったく違った人物像になり、その人生も異なる。

◆単純化して言えば、人間は、利巧な道を行くか、賢い道を行くかのいずれかである。利巧な道を行く利巧馬鹿は、その根底に損得だけがあって賢さ（普遍価値）がないために、長期的に見れば馬鹿な結果になることが多い。一方、賢い道を行く馬鹿利巧は、日々の生活は損得がないために馬鹿に見えるが、持ち前の普遍価値に従うために、人生という長い年月に充分に耐えて、賢明な生涯となる。

※１６３、２７７日参照。

251日

若者は歴史に学べ。成人したら歴史を作れ。老人になったら歴史を保て。旅に出ても、ただの物見遊山は精神の堕落である。

◆生成流転する地球上で、生ある者より死者の方がはるかに多いのだから、死者たちが紡《つむ》いだ歴史のあちこちに存在する智恵を借りなければならない。もちろん歴史は物語で事実ではないが、智恵の宝庫なのだから、そこに生きた人たちから教えてもらわなければならないことが多い。「死者に多くを語らせよ」は、今を生きる人たちの指針である。そして学んだ智恵を通して、我が生を絶えることなく凝視し、その結果を行動しなければならない。歴史を見聞きしても、その身体で歴史を表現する人は、未だ少ないのである。

※128日参照。

252日

日本語は、世間の常識とは反対に、漢字を導入してからは論理的ではなくなった。もし大和《やまと》言葉だけで哲学を語れば、もっと解りやすいと思うのだが。

◆どの哲学書も難解である。欧米語と漢語の羅列なのだから、英語やドイツ語だけで読む哲学書より難しくなる。理解できない哲学が、我々庶民の人生の指針になるとは到底《とうてい》思えないのだから、日常の平易な言葉で語らなくてはならないと思う。

253日

釈尊は渇欲《かつよく》、すなわちエロティシズム、エゴイズム、ナルシシズムは人間の悲しみの根であり、苦の原因であると悟り、心の病理学を確立したが、現在でも我々は渇欲を追求してなにが悪いと構えているのではないだろうか。

◆普通の欲望は文化を作り、人の幸福の条件でもあるが、過剰な欲望である渇欲は、幸福には決してなれない快楽として、我々を破滅に導く。現代社会のあちこちに見られるように、心の陶冶もなく人格を投げ捨てて、地位、名誉、富などを過剰に追求するなら、その人の人生は痛恨の極《きわ》みとなる。

●地位　それなりの才能があっての高い身分なのだろうが、その地位は善い人格を表しているわけではなく、悪人も多数いる。

●名誉　誉れ高い人の背後には黙々と励んだ世のため、人のためになった人たちが多数、名もなく、名誉もなく控えていることを忘れてはならない。彼らこそが真の名誉ある勇者なのだ。

●富　金銭は虚構であって、これがないと略奪、殺人が起こるので、人間相互関係の価値の緩衝材として作り出したものだから、たとえ金銭が多くとも物量は豊富になるが、幸福にはなれない。

※46、105、215日参照。

254日

芸術とは、エロティシズム、エゴイズム、ナルシシズムという人間の精神的三大疾患を美化、浄化する作業である。もしこれに失敗すると芸術家は破綻《はたん》し、その作品は醜悪なものになる。

◆芸術だけではなく、宗教も哲学も、この心の三大疾患との戦いである。この「病」を知らないために、多くの人たちが呻吟《しんぎん》のうちに倒れたのだから、人間の心に潜む深淵を早く悟り、時に現れる人生の危機を、どうしても避けて通らなくてはならない。

255日

キリスト教は古代ギリシャの神々と苦闘したために強固なものになった。我が国の神道と仏教は教義闘争のないままに混淆《こんこう》し、また分離したのは不幸なことであった。

◆神道は明確な教義を確立して祭式主義ではなく主知主義に、仏教は中国伝来の漢語をやめて原語による平易な哲学を説かなければならない。ギリシャ哲学を借りて武装したキリスト教、生活宗教になったイスラム教が、ますます脅威になり、このままでは日本教の崩壊も近い。

●日本教　山本七平（一九二一〜一九九一）の言葉。日本には神道でもなく仏教でもない日本教があると、独自の視点からの日本人論を展開。

256日

教育の荒廃が言われている。当然、親や学校が責任を問われている。だがどんなに幼くても自分で自分を正しく導くのだと、その方法を教えているのだろうか。人は自分自身でも馬の調教の如くに鍛えねばならない動物なのである。

◆壊れた不完全な動物の人間は、外から教え導いてもらわなければとても生存できないのだから、当然、教育が必要であるが、それだけでは十分条件ではない。人間は「身体を使役する心」の存在なのだから、自分自身でも心、すなわち人格の完成を目指さなければならない動物なのである。

※65、126、175、239日参照。

257日

人は皆、好き勝手に生きている。幸でも不幸でも自分の選択なのである。ふとした出来心でも、ふとした出来心をしたかったのである。

◆人は、この世で生きている間に、自分の行為の結果に対して、全責任を負うことになる。壊れた人間が壊れた行為をしても、壊れた結果になるのだから、壊れた心を修復して、本心に従って生きなければならない。もしも、真の我である本心を探し出せないときは、伝統的文化に従って生きることになるが、伝統文化の中には、因習と呼ばれる人間を幸福にしない疑似文化も混在しているのだから、十分に注意しなければならないだろう。正しい文化は、本心（自然律）によって作られたのだから、その意味するところに従うのは、本心そのものに従うことになるのだ。

258日

長寿社会になっても健康で長生きしているわけではない。薬を飲みながら日常生活ができる程度に生きているのである。人間として活動できる寿命は、昔から少しも変わらないのだから、油断なく急がなければならない。

◆人は皆、永遠に死なないかの如くに生きている。そして若者は、今の状態のままで年を重ねるのだと思っているが、老年とは、視界は暗くなり、音は遠く、味も消え、身体の底から沸き上がる活力も無く、「生きながら死んで行く」のであるから、何事も若者のうちに準備しなければならないのである。

259日

仏壇の上の若き航空兵の写真、「あなたの息子さんですね」と眼前の老婆に尋ねると、「夫です」と答えた。そして沈黙の後に「写真は少しも年を取らないが、でも、死ぬ者は損」と力なく笑った。

◆人間は、「公」のために命を捨てなくてはならない時もあるが、それでも、国家、大組織のなかで、命を捨ててくれる人の名も顔も知らず、その人の家族の将来にも、まったく関心を持たない人間のために、命を捨ててはいけないのである。

社会の片隅で、誰も顧《かえり》みることもなくひっそりと暮らしている、この善良な家族の運命を見れば、誰のために命を捨てなくてはならないかは明らかである。「世のため人のため」と叫ぶ偽善の衣装を纏《まと》った煽動者がいるが、彼らはいつも生き残ったのだ。

※22、125、260、261、262、288日参照。

260日

人間は素手でも戦争する動物である。政治の延長線上に戦争があるのだから、政治そのものを変えなくてはならない。そして政治変革のためには、人間自身が変わらなくてはならない。

◆戦争に善悪を見るのは間違いである。戦争は政治と同じく権力闘争であり、スポーツと同じくパワーゲームなのだから、善人が勝つわけでもないし、むしろ善人であるために負けるのである。これからも、心の三大疾患(エロティシズム、エゴイズム、ナルシシズム)を克服するまで戦争が続くことになる。

※261、262、288日参照。

261日

戦争原因の悲しい根は人間の内に潜んでいる。エロティシズム、エゴイズム、ナルシシズムが、他者との争論、家庭不和、相手を打ち負かす快感として表現されているように、これが戦争に繋《つな》がっている。人間は病んでいるのだ。

◆人間は確かに病んでいる。他の哺乳類は仲間を殺さないが、人間は、まるで昆虫たちのように同類を殺すのである。蟻の戦争を見た人が、人間の戦争と同じであると思うのは偶然ではない。このように我々の頭脳は、昆虫なみの精神世界を描き出しているから、日常生活の中で、人間の天敵は人間であり、「人を食った奴」が存在するのも現実であり、庶民の苦悩の尽きる時は未だ見えない。

262日

敗戦で一番悲惨なことは、正義や勇気という普遍価値を持った優秀な人材の多くを亡くしたことである。戦後の精神的荒廃は、一部の逃げのびて生き残った即物的人間に原因するかも知れない。

◆敗戦の責任も取らず、良心の呵責もなく戦後を生きのびた高位高官もいたのである。真相は歴史家の手に委《ゆだ》ねるとしても、現在も彼らの精神的末裔《まつえい》である責任を取らない一部の政治家、官僚が棲息《せいそく》しているのだから、日本がこれから「百年暗黒」になることを、大いに恐れるのだ。

263日

殺人者達を一つの島に閉じ込めて生活させてみれば、最初のうちはお互いに殺し合うが、そのうち仲間は殺さないとかの色々なルールを作り、そのルールを教え守るために学校や警察や裁判所をつくるだろう。実はこれが我々の社会なのである。

◆本能の壊れた人間は、ジャングルにある自然のルールに従うことができなくなり、そのためにジャングルを追われて生存もおぼつかなくなったので、人間のルールを作り出したのである。

人間のルールとは、壊れた人間が見失った自然のルールを補完するために作り出されたのだが、今では自然のルールに基づかない人間のルール（迷妄）を作り出して、自然のルールを攻撃している。例えば人間同士は殺し合わないのがジャングルの自然のルールである。しかし、本能が壊れて人間が人間を殺すようになったために、疑似自然のルールとして「殺すな」の人間のルールを定めたのだが、それでも他民族（敵）は殺してもよいと言う別の「幻想の人間のルール」の戦争を作り出して、絶えず自然のルールを破壊している。

264日

学問は物事を抽象化し概念化することにより成り立っているのだが、実はその過程で現実と遊離してしまうために、理論と実際は違うといわれることがある。

◆人間の獲得した言語は、本質的に不完全、不明瞭なのである。説明すればする程に、まとめればまとめる程に解らなくなるものだ。言葉で説明された理論には、詭弁に落ちて怪しげなものも多いのだから、自然のルールは、言葉ではなく行動の中に、より多く表現されているのだと思わなくてはならない。

265日

最近の「合成の誤謬《ごびゅう》」の問題も、その説自体は誰も反対できないほど正しい内容なのだが、現実には誰のためという主語が抜け落ちているので困ったことになるのである。

◆ アリストテレスの虚偽論のように個々では正しいが、それを全体として合成すると虚偽になるのは、我々の言語の持つ曖昧さなのだから、その点を狙って自らの野望（幻想）を満たそうとするソフィスト（詭弁家）も多いのである。

●合成の誤謬　個々では正しいが、全体として合成すると正しくない。例えば、個人として将来に備えて貯蓄に励むのは正しいが、全体が貯蓄に向かうと、消費が落ちて経済活動が停滞する。

266日

以前に「期待される人間像」として、国がスポーツの選手などを表彰したが、誰に期待されるかの視点がないために批判をうけた。国が期待するのと市民や家庭人として期待されるのとは違う。誰のためという主語がいつも必要なのである。

◆短絡《たんらく》を恐れずに言えば、学校で期待される人物像は、学業成績の良い子である。会社で期待される人間は多くの利潤を上げる人であり、コックは料理の上手い人、スポーツ選手は強ければ尊敬されるのだから、そこでは、人格が重視されることはない。そして困ったことには、これが社会のルールであり、家庭のように「在るがままに愛される」ことに慣れた人が、学校嫌い、会社嫌いになるのも、人格軽視だから、むしろ当然のことである。誰からも期待される人間像は、どこにもない。

267日

総論賛成、各論反対も、誰が誰のために書いたかによって反対を受けるのである。著者が本来の意図を隠して、「主語」抜きで作った総論と知られているのである。

◆或る有名評論家が、新聞社から「この問題について書いてほしい」と電話で頼まれたときに「反対で書くのか、賛成で書くのか」と聞いたそうだが、この評論家は「世の中には、いつも変わらぬ正しいことがある」とは信じないソフィストなのであり、自分の豊富な知識を、その場限りの詭弁《きべん》に捧げた文字芸者なのである。このような人物が多いのは残念なことだ。

268日

組織内で指導し、人を裁ける人間は、組織を疑い、その欠点を十分知りつくした人間だけに資格がある。法律の欠陥、限界を知る者だけが、法律により善く人を裁く。

◆権力も腐敗するが、組織も必ず腐敗する。壊れた人間がいくら集まって法律や組織を作っても、やはり壊れた法律や組織しかできないのだから、その組織内で自分は正しいことをしているのだと確信したときに、もうすでに精神的な凋落《ちょうらく》が始まっているのである。

269日

組織の自主規制も、現状維持を狙った隠れた権力保全なのである。正しい規制は、規制そのものの正当性を疑う者がよくするのである。ひたすら組織を信じる者は危うく、組織を疑うことができる者は強い。

◆世のため人のためを願い、その幸福の達成を目的に組織化された組織体も、いつしか自己増殖を始めて組織の肥大化を計り、組織内の人間の幸福だけが、目的になってしまうのだから、いつも組織の正当性を凝視しなければならないのである。

270日

愚かな人がコンピューターを操作しても、愚かな答えしか得られない。無知な人が外国語を話しても、無知な内容の会話である。立派な道具も、立派な資格も、立派な人間にはしてくれないのである。

◆人間の頭脳は倒錯知を作り出す名人である。高位高官に昇って広壮な邸宅に住み、立派な自動車に乗っても、立派な人間であるとは言えない。大衆は、倒錯して判断を誤るが、我々庶民が尊敬してやまないのは、その行為が示す「精神の美しさ」なのだから、その人間の付属物（地位、名誉、富、美醜）には、もちろん、多くの価値を見出せないのだ。

※45、139、235、324日参照。

271日

先人や先輩の意見を良く聞き、それを実行に移す者は、その人たちの人生経験の上に自分の人生を重ねることができるのだから成功する。また先人の生きた年月を自分の年月の上に重ねることになるから、長く生きているともいえる。

◆人は意外にも、歴史に関心がない。祖父母の家族歴すら学ばない。祖父母の人生に涙し、そして喜びも見つけたら、その祖父母が、人生の教師にも反面教師にもなるのである。歴史の中の悲惨な繰り返しは、自分の人生に祖父母、父母の人生を重ねる人たちが、少ないからでもある。

272日

現在の日本は神仏、哲学、芸術から幽霊、化け物の類《たぐい》いまで殺してしまった。これらは無味乾燥の現実に「虚実の物語」を与えることで、人間生活を教え導き、彩《いろど》りや潤《うるお》いを与えていたのだが。

◆幽霊や化け物の行動も、勧善懲悪になっていることに注目したい。彼らはこぞってこの世が善なることを願っているのである。現在のように哲学、芸術を薄めに薄めて、その挙句に神仏をも信じなければ、汚濁に満ちた生身の我々が、善なる存在なのだと妄信したことになる。

●虚実の物語　人間は物質的現実の上に虚構を被せて暮らしている。その虚構の中で真・善・美を物語ることで幸福な生活が送れる。

※35、66、96、196、228日参照。

273日

たくらみは、たくらみによって破れる。普遍原理は破れることがない。それは企《たくら》みを持たないことなのだから。

◆権謀術策は、形を作り出し、必ずその形を表面に表すことになる。どのように隠しても、それにより利益を得た人間が、犯人と知れるのである。大した考えもなく、利益も望まずに衝動的な人間もいるが、それはそれで衝動的な人間と分類されて、その中から犯人と知れるのである。

274日

飄々《ひょうひょう》と、空に吹く風の如くに暮らせ。風の行方は誰も知らない。何かに執着すると、称賛と共に迎えられ、非難と共に去ることになる。

◆人生は、飛ぶ鳥の如く跡を残さないのが理想である。心が何かにこだわり、そこに留まると、いつしか愛執《あいしゅう》が生まれて、自由に大空を飛べなくなる。そして、籠の中の止まり木から大空を見上げて、憧れの自由の唄を鳴き続けるようになるものだ。

275日

春の長閑《のどか》な風景に騙《だま》されてはいけない。その下では生き物たちの死闘が繰り広げられているのだから。秋の実りの風景に騙されてはいけない。その下から滅びるものたちの哀感が聞こえて来るのだから。

◆人間は、眼に騙され、音に狂い、匂いに迷うのである。我々の感覚が、現実の世界を如実《にょじつ》に見せることは滅多にない。自分がハイなら世界もハイであり、自分がブルーなら世界もブルーと思うのだから、自分の感覚だけが真実と思い込んで、いつも自分で自分を騙すのである。美しい落日を見に海辺に立っても、大津波で亡くなった人たちを思う人は少なく、ロンドン、パリに観光に行って移民やテロに思いをはせる人は少ない。皆それぞれの狭い風景の一つを見ているだけである。

※283日参照。

276日

必然的な根本問題は、「これあれば、これあり。これなければ、これなし」（釈尊）ということにつきる。

◆人間は、意識のネットワークの中に絡《から》め取られている。その執着のネットワークを破ると、その時初めて、その破れ目から自由の世界へと旅立つことができるのだ。例えば、人という字は二つが寄り添って人の字を作っている。一つを取れば人の字は倒れて消えてしまうのである。ローソクを考えても、蠟《ろう》と芯《しん》と火が必要なのであり、そのうちのどれ一つが失われても役立たなくなる。

世間の物事は、物質や、その意識の関係性の中で、お互いが寄り添ってできているのだから、一つを捨てれば、もう一つも消える。執着から苦が生じるのだから、執着を捨てれば、苦も消えるのである。

277日

利巧な者は、損得を価値の中心に据えて快楽に向かうために幸福にはなれない。賢い者は、善悪を価値の中心に据えて快楽を捨てるために幸福になる。

◆損得も欲望に根ざしたものであり、極まると渇欲になり「病」となる。渇欲は満足することのない快楽そのものだから、心穏やかな幸福が訪れることはない。そして、善悪の価値は欲望から離れた普遍価値として存在するために、快楽ではなく幸福を準備するのだ。

※１６３、２５０日参照。

278日

世間には社会のルールと個人のルールがある。個人のルールだけをあまりに重視すれば、その程度によって、フリーター、芸術家、革命家、犯罪者、狂人となる。社会のルールとのバランスに失敗すれば、当然社会から迫害を受ける。

◆個人のルールを重視する者は、自己のコントロールが十分にできなくてはならない。社会のルールを体現していると言われる行政官（役人、警察官、税務署員）の指示よりも、上手に自分自身をコントロールすることができる人達だけに、個人のルールを主張する資格があるのだ。そして、強く個人のルールを主張するとしても、人間の基本的自由を妨げない程度の社会的ルールならば、これを受け入れなければならないのである。

279日

社会のルールだけをあまりに重視しても、澱《よど》み切った自由のない強圧的社会になり、ルール指導者と称する人間たち（政治家、官僚、警察官、税務署員）に隷属した生活になってしまうのだから、今度は個人のルールとのバランスが必要になる。

◆あまりに指導力が強化されると、市民の生活は「人生の国有化」となり、独立自尊の市民はいなくなって国力は衰える。ここで注意しなければならないのは、社会のルールを指導すると称する人たちが、市民より智恵ある者として君臨することにより、数々の誤謬を社会に振り撒《ま》いてきたことである。

先人は、現場（市民）に聞けと言うが、市民の幸福を願うなら、市民の間に伝わる伝統の智恵を借りなくてはならないのだ。もちろん、市民の智恵といっても、騒がしく蠢《うごめ》く大衆のではなく、静かに暮らす庶民に聞かなくてはならないが。

280日

社会のルールといっても、個人のルールを社会のルールと見せかける一部の官僚、政治屋、独裁者もいるのである。彼らは自分のルール（利益）を社会のルール（利益）であるとする巧みなプロパガンダ（洗脳）により大衆を騙す。

◆ 詐欺師が、急がせて考える間を与えないようにして騙《だま》すように、また、大事なことを簡単な取るに足りないことと思わせて騙すように、彼らは、何事も貴方のためであり、貴方の暮らしはもっと良くなるとキラキラした幻想を振り撒《ま》く。もちろん、言っている本人のためであり、暮らしが良くなるのは、その本人なのである。

281日

ソクラテスは「悪法も法である」として毒盃を仰いだとされるが、実際は不正な行為を受けても不正で答えず、歓待されるべき人物に刑罰を与えたアテネ市民の無知を自覚させるために、あえて死刑になったのである。

◆市民としての大衆は、我が身の姿と違う者、理解できない者を嫌悪する。無知と無恥で智者を鞭打ち、その結果多くの智者が犠牲になったのであるが、特にソクラテスとキリストは勇気ある智者として、大衆の無知と闘ったために、大衆から称賛どころか刑罰を与えられ葬られたのであった。一方、釈尊、孔子、老子は、大衆（縁なき衆生）を相手にせずに、庶民に「賢者の道」を学ぶことを説いたので、その生を全うすることができた。

●ソクラテス　古代ギリシャ・アテナイの哲学者（紀元前四七〇〜三九九）、この時代の思想的代表者であるソフィスト達の説く功利主義に反対し、「よく生きること」を主張した。「無知の知」が有名。反対党の告発により毒盃を仰いで刑死。

282日

圧政者は、法に従うのは市民の義務であると迫るが、それは半分の義務である。後の半分の市民の義務は、その悪法を直すことである。

◆昔は神仏を錦の御旗にして、その神仏の意志として庶民を抑圧したが、現在では神仏に替えて法による支配が行われている。しかし、現在でも過去の残滓《ざんし》として、法律を、あたかも変えることができない神仏の教義のように、庶民の前に提示されることがある。法律は神仏の教義の普遍原理と違い「とりあえずの正義」なのだから、当然、普遍ではない。我々庶民は、絶えず法律と、その立法者を観察して、決して彼らを普遍原理の守護神としてはならないのである。

283日

夜空の星を見上げる時、人間は宇宙の風景に過ぎないと気づく。社会においても自分中心ではなく、「人は、それぞれの風景である」ことに気づけば、見えないものも見えてきて、豊かな人生になるのだが。

◆山川草木の美しさに感動するのは、自然のルール（普遍原理）に従っている「風景」の美しさに感動するのだから、人間も風景の中の自然物の一つとして、自然のルールに従う時が一番美しいのである。人間のルール（例えば損得）で風景を見ると、周囲はたちまち醜いもの（損得勘定）に変化する。人間は、いつも心が描き出した「それぞれの風景」に住んでいるのだ。

※２７５日参照。

284日

人間は群鳥のように群がると安心する。そこには一つの意志があって、他を隷属して行動する。もし愚かな一つの意志であれば、群れを亡ぼすことになるのである。

◆「愚者は群がり、賢者は一人で行く」。善く知る者は、饒舌のうちに慣れ親しむのは破滅の道と知っているから一人で行くのであり、十人十色の思惑を背負った人間同士の中に住んでみて、つくづく共に歩める人間の少ないのを知っているからでもある。

285日

組織に属するということは、一つの意志により洗脳され隷属することであるといえる。正しいことが言える自由な人生を望むなら、組織と距離をおいて孤独と共に歩め。

◆組織の内でも外でも、その組織を懐疑《かいぎ》する精神が希薄になると、組織の存続も危うくなる。組織の論理は、批判者をいつも排除する方向に働くものだが、内外に建設的批判者を抱えながら成長するのが正しい姿なのだから、この批判者だけが、組織の衰亡を防ぐための孤独な戦いをしている人として、尊重されなければならないのだ。

286日

組織内において真実を追求し不正を正すことは難しい。組織防衛として口を封じられるからである。政府から町内会まで同じ行動をとるから、役職を捨てなければ、自由に発言し、正しい行動をとることができないこともある。体制内改革は至難の業。

◆組織の論理に搦《から》め取られた人間は、やがて不正を犯すことにもなる。組織内で正しいことなのだからと、その組織の価値観で社会的に行動して不善を成すのである。顔見知りの小さな町内会でも、仲間内で談合して不正を行っても罪の意識はないのだから、権力も組織も必ず腐敗するものなのだ。いずれにしても大衆（今では一部の政治家、官僚も大衆である）は、群がってあらぬ方向へ行く危険がある。

287日

創造と破壊というが、創造と破壊は別の才能による。歴史を見ると破壊者が十分に破壊して、地ならしができた頃に新しい創造者が現れるのである。破壊は創造よりもエネルギーがいる。善人も悪人も共に亡ぼすことが多いのだから。

◆大変革（破壊）の時は、人間の情念の塊が、嵐のように吹きすさぶのだから、善悪ではなく強弱の狭間《はざま》に生きることになる。我々庶民は、身を潜めてひたすら嵐の過ぎ去るのを待つしかない。それは、激しい風雨が長く続かないことを知っているからだ。そして、いったん嵐が静まれば、善悪が、自ずから明らかになると知っているからでもある。

288日

人間性が変わらないかぎり、これからも、あらゆる災害が、中傷、嫉妬、裏切り、詐欺、動乱、疾病、殺人、戦争の姿になって現れるだろう。いくら祈っても。

◆戦争に善悪をみるのは間違いである。善い殺人が無いように、善い戦争もない。人間性から生まれたというスポーツを考えても、善悪に関係なく、善人をも負かして楽しむのだから、強弱だけの世界であり、我々の戦争も、実は優勝劣敗だけのスポーツと同じパワーゲームと理解したほうが現実に近い。

昔からパワーゲーム（人間のルール）の上に、大義名分を少しふりかけて正義の戦争としているのだから、人間の病む三つの「病」が癒《い》えなければ、優劣、強弱の世界に住むこの人間が、善悪の世界（自然のルール）に住むという神仏に、いくら祈ってもその願いは届かない。

※260日参照。

289日

人々が、日常の細々《こまごま》したことを良く知っているのには驚くが、人間性についての勉強をしないことにもまた驚く。「人間とは何か」を知ることが日常を律する一番善い方法なのだが。

◆日々の生活の中で礼儀作法、儀式に精通した人たちがいる。確かにこれは必要な知識ではあるが、その人たちの中には、礼儀作法の基本は何かを問わない人もいるのである。些細《ささい》な末梢に拘《こだわ》り、作法、儀式の根本精神に流れる人間の智恵を忘れてしまって、今では形式を守ることのみに汲々としているのだ。

例えば、お祭りは壊れた人間たちを神仏を中心に連帯させる神仏と人間の儀式なのだが、今では信仰も希薄になり、その商業主義の跳梁《ちょうりょう》をみると、壊れた人間だけの神仏のいない祝宴に成り果てて、ついに善き伝統を亡ぼして、因習となったのである。

290日

人は、「私には希望がない」と言うが、今までにあらゆる希望の芽を自分のしたいようにして自ら潰《つぶ》してきたか、または自分の能力にふさわしくない奢《おご》り高ぶった希望を抱いたために、物事が実現しなかったことを希望がないと言うことも多い。

◆ 愚者の抱く希望は悪夢になる。愚者は希望達成のために合目的の禁欲をするのではなく、ただただ欲望を膨《ふく》らますことにより希望を達成しようと思うのだから、渇欲のもたらす結果は希望と違ったものになる。ギリシャ神話のパンドラの箱の底に残った希望のように、人間にとっては疫病、災害と同じことにもなり得る。

※169、291日参照。

291日

希望はいつも実現する。実現することだけしか希望しないからである。人々は荒唐無稽《こうとうむけい》なことを夢想し、虹を摑《つか》むような話に夢中になる。詐欺師はそこにつけ込むのである。

◆愚者の希望はパンドラの箱から外に出て来て、疫病、災害となるが、反対に三つの「病」を克服した賢者の「希望」は、欲望のよくコントロールされた、不幸の種にもならない希望だから、箱の底から外に出ることもなく、疫病、災害にはならないのである。そして、賢者の希望だけが、いつも実現することになる。

※169、290日参照。

292日

原始時代の記憶があるという。毒蛇を自動車より驚き怖がるのは、蛇の毒で死ぬ人より自動車で死ぬ人の方が多い現代では、これは原始の記憶としか考えられないと言う。

◆人間は他の動物と違って同じ種の人間同士が殺し合ったり、のべつ幕なしの繁殖期（人間以外は年一回の交尾期）になったり、これらが原因で本能が壊れた動物としてジャングルを追われたのであるが、未だにジャングルを生き抜いた時の本能の残滓が存在し、原始時代の記憶として蘇《よみがえ》るので、自然のルールに沿った理性的な反応ができないでいる。

293日

現代人も原始記憶の固まりがあり、その罠に落ちることも多い。冷たい空気に清涼感を感じるのは、森の中などの古い記憶によるのだが、冷房の閉め切った部屋の空気は汚い。

◆ジャングルを追われた人間は、追放の原因になった悪徳をそのままに現代を生きているのだから、多くの修復が必要になる。キリスト教徒のいう失楽園の物語は、ジャングル追放の物語かもしれない。

294日

他者から暴力、甘言で財産などを奪い、それを隠したりする人は、古代の記憶に操られて現代を生きているのである。今でも高い教育を受けた立派な地位にいる原始人によく会う。

◆自然のルールに支配されているジャングルを追われた「壊れた人間」は、追われた原因をそのままにして、新しい人間のジャングルであるコンクリート・ジャングルを作り、そこで生存を計るようになった。

現在の人間社会の一部の人達が、この悪徳に満ちたコンクリート・ジャングルの中で、普遍原理としての自然のルールを否定して、人間独自のルールだけを信奉して行動しているのは、残念ながら当然の帰着であり、社会的地位が高いほど腐敗した人間に会うことがあるのも、このためである。

295日

人間の意識は、外界を時間的な自分だけの「意識の網」で覆っている。この網が切れると、外界は無意味な空間を見せることになる。卒業した小学校や退職した会社に行くと、懐かしく、やがて虚しいのはそのためである。

◆人間は、それぞれの心象風景に生きている。例えば政治家、官僚は権力追求の風景、実業家は利潤の風景に住んでいて、決して徳や幸福を求める風景ではない。いつの日か、その移ろい行く夢の風景から、運よく目が覚めれば、そのとき初めて実相を知ることになるのだ。そして、夢の中で夢を見ていたと、呟《つぶや》くだろう。

●実相　時が経てば生きている知り合いは全部いなくなるのだから、せめて一緒にいるうちは人に優しく、幸福を目指して努力すべきなのに、人それぞれの無知のために傷つけ合って暮らしている。いなくなって初めて分かって、それからの後悔では虚しい。お互いが一期一会の人生なのに、なぜ優しくできないのか。これだから人は壊れている。一瞬でも油断してはいけない。

296日

自縄自縛《じじょうじばく》ということがある。自分の壊れた部分（エロティシズム、エゴイズム、ナルシシズム）に関心を持ち研究対処しなければ、自分で自分を罠に嵌《は》めて、じたばたすることになる。

◆自分がどのような風景に生きているか、強く意識しなければならない。もしも「病」の風景を得たのなら、早く自覚して健康になるように努力しなければ、三つの病は我々を見果てぬ夢の荒野へと連れて行き、倒錯した喜びと共に滅びることになる。

※46、105、215、253日参照。

297日

一部の評論家は、政治でも経済でも勝手な「憶測《おくそく》と愚痴《ぐち》」を述べているに過ぎない。彼らは何も理解していない。発語とその快感に酔っているだけである。

◆例えば、有名評論家の中には、自分の豊富な知識（智恵ではない）を、反対にも賛成にも、依頼者の御希望通りに自由に操って詭弁を弄するソフィストがいるのである。この世には真理など存在せず、その場限りの納得があれば、大衆はあとで発言が真実であったかどうかの追跡調査（その時期には死んでいる）をすることもないのだから、これで良しとしている。

このことは、彼らが歴史の評価を軽視し、大衆の健忘症を期待している証拠とも言えるが、たしかに大衆は、真実に関心を抱かず、しかも忘れやすいのだ。いまこそ「死者に鞭《むち》打つ勇気」が必要なのである。

298日

会議で全出席者の頭の中に正しく理解されても、現実に適用すると間違った結果をもたらすことも多い。強力な司会者の催眠術のような言葉に支配されて、自分の論理の再構築の時間もなく、視野狭窄《きょうさく》となり失敗する。

◆ 未だに言葉は不完全であり、人間の能力を十分に表現するに至っていない。心からの「叫び声」から、いくらも進歩していないのである。このことを利用して、人間相互の言葉には嘘も誤魔化しも多いにあるのだから、我々の心は、未だに真実を求めてさまようことを止めないでいる。人間が、言語を持たない動物（犬、猫）を、これほど愛玩するのも、嘘がなく騙すことがないからなのだ。

299日

古代ギリシャ文明が歴史上に燦然《さんぜん》と輝いたのは、奴隷を使役して余暇を作り、その余暇を文化活動にあてたからだが、現代では奴隷がいなくても科学の力によって余暇を作り出せる。だから、今は日本文化構築の意欲だけが強く求められているのである。

◆近代科学技術の進歩により豊富な物量の中で暮らしているが、その合間から、なぜか不幸な人間の顔がのぞいている。ここで、人々が精神の有り様を決める文化の復興に努めなければ、物質文明の限界を知った人たちが、もうすでに、あちこちで始まっているように、虚無的な怠惰で、人間を幸福にしないこの物質文化を亡ぼすことになるだろう。

●物質文明

現状は物量が豊富にあり、飽食しているが、この飽食の状態は動物としては危険な状態であって、動物としての人間も、欠乏を充足させよと努力する時に本来の機能が、充分に発揮される仕組みになっているから、飽食では発明発見、工夫も少なく、子孫繁栄もおろそかになり、その機能の働きは惰眠状態になるのだ。後進国の親たちになぜ子供を作るのかと聞いてみれば、子供はすぐに働くようになるし、子供がいないと老後が心配だからと答えるが、これが人間の基本欲望でもし豊かになれば、この二つの動機は消えてしまい、収入はあるし老後保障もあるとなれば、子供はいらないとなるわけである。日本はすでに二つの動機が消えてしまい、この眼の前の都市が少子化のために、消滅都市になるといわれている。してみると我々が築き上げてきた文明は、大きな欠点を持ち、持続性に失敗したのだと言わざるを得ない。政府目標が国民の収入を増やし、老後を保障することにあったのだから、何も手を打たずに国を滅ぼす努力をしてきたとも強弁出来るほどだ。答えは一つ、出産、育児には国から物的、精神的な強い援助を与えて、親たちが世のため、人のためと、少子化と闘うしかない。

大企業は、移民させて人口減少を補えばと、逃げているが文化摩擦も起きている。隣町では外国人労働者による六名連続殺人が発生しているが、妻と小学生姉妹を殺された夫に、政府と工場はその後、充分に報いているか疑問だ。宗教を含めた文化の違いを研究し理解して、人は皆同じと受け入れるのでなければ当然摩擦は起きるので、軽いノリで、ともかく人は皆同じであると思うのは、大いに危険である。

世界で起きているテロも、キリスト教とイスラム教の一〇〇〇年以上も続く宗教、教義の戦争とも解釈できるし、大勢の難民も、かって世界史上で繰り返されてきた民族大移動の変形かもしれない。宗教学者、政治学者は説明の義務があるだろう。

※317日参照。

300日

三百年住める住宅、三十年着られる衣服、三十時間もつ食事も科学の力で作れるのだから、生活のための労働は少しにして、文化活動にあてる時代が来ているのである。

◆古代ギリシャのアテナイのように、生活のための労働は、午前の半日にして、余暇を文芸復興に捧げる時が来ている。科学を文明のために奴隷化するのだ。物の品質や総量を競うのではなく、人間を幸福にする智恵の競演が待たれている。

301日

五十年間使用できる自動車ができると、自動車製造会社は困ると言うが、パラダイムを変えれば、今と違う社会制度になるのだから、誰も困らない豊かな社会になる。

◆自動車が作られて馬車屋は困り、銀行ができて両替商は困窮したが、しかし、それも一時的な混乱に終わり、馬車屋は自動車屋に、両替商は銀行に吸収合併して、結局のところ発展的に解消したのが現実である。人々が強く決心したことは必ず実現するものだ。

●パラダイム　一時代を支配する物の見方、その時代に共通の体系的な考え方。

302日

ある人達は、各種の欲望によって理性の眼を覆《おお》われているので、その発言は欲得になり、その行為も醜くなり、その結果、自分にとっても人々にとっても幸福なものは何も完成しないことになるのだ。

◆馬車屋が自動車を呪《のろ》い抵抗しても無駄なことであった。たしかに人は変革を嫌い現状にしがみつくが、所詮、文明の流れには抗すべきもないのだから、文明の内容をよく考察し、その流れに乗ったうえで、人間を幸福にする精神文化の構築に励むのが上策なのである。

303日

他者と議論が嚙み合わないのは、人それぞれが自由気ままに暮らしたあげくに、人間は平等と思っているからである。善い行為には善い結果が、悪い行為には悪い結果があるのだから、人生は当然平等ではなく、その意見も違うのである。

◆善い人と意見が合うなら、自分は善い人なのである。悪い人と意見が合うなら、自分は悪い人なのである。そして、誰とも意見が合うのなら、それは企みのある人であり、誰とも意見が合わなければ、その人は病気だ。

304日

ある国のある町は、その国で一番泥棒が多いという。その町を訪ねてみると、人々は皆親切で明るくてよい人たちなのである。してみると、親切で明るくてよい人たちが泥棒なのである。

◆悪人は、どのような演技もこなすから、作り笑い、嘘泣きも、お手の物である。人々は、人間は皆自分と同じような性格で、可笑《おか》しい時に笑い、悲しい時に泣くのだと信じているから、初めから騙される話になっている。商人のお世辞笑いは、買わなければ不愛想になるとわかっているから、まだ罪のない話だ。

305日

狂人よりも狂人な者は、もはや狂人とは呼ばれない。歴史上でも現代でも大量殺人者は大衆の選んだ英雄である。裏の狂人は、病弱のためにめったなことでは人を殺せないが、隣の健康な普通に見える人が、容易に人を殺すのである。

◆人は見掛けと違って、笑いながらでも人を殺す者もいれば、黙って耐え難きを耐える者もいる。人間は壊れているために、他の動物と違って個体間の格差が大きいのだが、何故か、他者も自分と同じ性格で存在していると思うのである。我々が、他者を自分の野望を満たす道具と考えるような残忍な殺人者を指導者にしてしまうのも、これが原因である。

306日

人が人を教え導くのは至難の業である。人は自分のしたいように暮らしたいために、善い方向を教えてもらっても歩いていかないのである。「わかっているが、その方向には歩きたくない」と悪い方向に行くものだ。

◆人間は、本心から思い定めて自分自身から歩き出さないと、何も成就しないものである。善い方向を教えてもらったら、その地平の彼方を目指して、脇目も振らずに歩き続けなければ、生涯を眠りの中で過ごすことになる。人は「人生に何を望んで努力するのか」が問われているのだ。方向を誤れば、人生はたちまちのうちに水泡に帰すのだから。

307日

善い方向を悟るのが「悟り」。悪い方向から離れ脱するのを「解脱《げだつ》」。何が善くて、何が悪いかを明らかにすることが「諦《あきら》める」なのである。

◆人間の大部分の人たちは、少し善く、少し悪いのである。そのままで、ほんの少しを飛び越えれば「賢者の道」の入口に立つ。一人で、勇気を出して飛ばなければ、その一生は、無我夢中のうちに終わるのだ。

308日

海外渡航者が多数にのぼる。食べたり飲んだり珍しいものを見たりの物見遊山は、そろそろ止めにして、敗戦で亡んだ日本文化の再構築に励んでもらいたい時期である。

◆愚かな心で外国を尋ねても「聞いて聞こえず、見て見えず」の状態なのだから、旅先を変えるのではなく、自分自身を変える努力が必要なのである。日本文化の現状も、たとえ奇麗な花を活《い》け、立派な茶室でお茶を点《た》てみても、心の陶冶もなく虚飾《きょしょく》にまみれた俗物のままならば、軽蔑の対象になるだけだ。

309日

個性を伸ばせとか個性尊重とか言われるので、勝手気ままに振る舞う人が多い。人に劣る行為を表面に出せば、ただの「個性馬鹿」になるだけである。自分の中に存在する、人に優れた部分を伸ばして表現してこそ、個性的人間として尊《とうと》ばれるのである。

◆自動車のデザインで成功した人を見て、自分も自動車のデザインで成功しようと思うのは、まだ「個性馬鹿」の段階である。誰の真似でもなく、他人と違う方法や形式で独創的なデザインの世界を創造した時に、初めて個性的人間と呼ばれるのである。

310日

少年犯罪も、社会が壮大な虚実の物語（真・善・美）を少年達に与えることができないので、少年達も生活を紡《つむ》ぎ理想を描くことが困難になり、その結果、他者を血の通った人間と見るのではなく、物質の如く見るようになったために多発しているのである。

◆敗戦後の人たちは、普遍価値どころか、生活の基礎である物質条件をも破壊されたために、ともかく毎日を生きることに精一杯で、次の世代に普遍価値を与えることができなかったのだから、物質的に成功した今こそ、「善く生きるための冒険の物語」を語るときなのである。これがないと、もうすでにあちこちで見られるように精神的に破壊されて、本当の意味の二度目の敗戦をむかえることになる。

※35、66、96、196、228、272、311日参照。

311日

虚実の平衡が崩れると、現在のような殺伐《さつばつ》たる社会になる。虚《きょ》の物語があまりに強いと、人は現実から遊離して存在感を失っていくものだが、反対に虚の物語を見失うと希望や理想を描けずに、人間を計量化できる物質と思うようになる。

◆人間は、自然のルールから逸脱して動物として壊れたために、この地上での存続を考えて、虚構の世界を作り出したのである。これは物質的条件（実）の上に虚構（虚）を作り出して、その虚実を普遍価値（真・善・美）として物語ることにより、失った自然ルールに代わる、疑似自然のルールとしているのだ。

国家を例に取れば、国家とは虚構であるが、それでも国民の安全を守るという国家が持つ、一つの普遍価値を物語り実行するうちは、立派な国家として存続する。しかし、いったん安全という普遍価値に執着して、国家という虚構を極大化していくと、かえって真・善・美も薄れて現実感を失い、国民を抑圧して平和、安全のために敵を先制攻撃するという平和と矛盾した行動をとり失敗するものだ。このように、たとえ普遍価値といえども、虚構にあまりにこだわれば、現状認識を誤るのである。

一方、国民の安全を守ると言いながら、外国による拉致事件のように国民の安全を守らなければ、真・善・美に基づいた国家の持つ虚構の物語を失い、普遍価値を失った国民はその日暮らしの物質的条件だけに生きるようになって、刹那《せつな》的な快楽追求という虚無の罠に落ちて国家意識は消滅していく。

※35、66、96、196、228、272、310、354日参照。

312日

近代文明の中に人間に必要な物語を抑制する原因が潜んでいて、会社組織や科学技術に囲まれているうちに、夢や希望の物語を若者たちに語ることができなくなったのだから、今こそ文明とのバランスを取って、人間の物語としての文化を再構築すべきである。

◆世に跳梁《ちょうりょう》するは、善悪の思想ではなく損得の思想である。会社は、当然のことながら利益を追求し、一部の科学技術は、権力や快楽に奉仕する。そして、生まれた利益や技術の進歩を使って、またの利益をあげることに夢中なのだから、利益を上げることが幸福と思い込んだのである。何が幸福かを教えるのは文化（宗教、哲学、芸術）なのだから、これを失えば文明も迷走して行くのだ。

313日

親が子供に物語（真・善・美）を教えなければ、子供は成長して成年になっても、くだらない遊びにこだわった人間になり、やがて空虚な人生を浪費するだろう。

◆損得の思想だけでは、幸福にはなれない。普遍価値を語り継がなければ、人生の目的も定まらずに、その心は路頭に迷う。現在の人々の「彷徨《さまよ》う魂」は、幸福と間違えて快楽を追求したために現れた虚無が原因なのだ。

※48、127日参照。

314日

人は遊戯するとは言え、くだらない遊びは焦燥《しょうそう》と倦怠《けんたい》である。真・善・美と共にまじめに遊ぶのでなければ、満足は得られないものである。

◆例えば、祭礼に参加しても、神を信じない人々の面白主義の祭りでは、真の喜びはない。また、スポーツの勝者になっても、善人を助け、悪人を倒す普遍価値ではないから、刹那的な快楽に浸るだけの瞬間風速の満足と言えるのだ。心からの満足は、神仏と真摯《しんし》に交わり、善悪と真剣に遊戯して、恩讐《おんしゅう》の彼方に立ったときに、初めて訪れるのである。

※357日参照。

315日

近代文明は「才能」を重視するあまり、その才能を持つ「人格」を軽視する。人間にとっての主体は、あくまで人格であって才能ではないのである。最近の悲喜劇は人格軽視の結果といえる。

◆自動車の性能（才能）を競っても、運転者の資質（人格）を競うことは少ない。どのように自動車を安全運転するか（どのように肉体を操るか）は、その全部が資質（人格）によるのだから、性能（才能）よりも資質（人格）が重要なのである。資質（人格）軽視は、大事故（悲喜劇）に繋《つな》がっている。

316日

敗戦後、伝統が壊滅すると、国民の間に「何にでもなれる」という、ある種の楽観主義が生まれて傲慢になったが、五十年も経つと「人は何にでもなれる者ではない」と知り悲観的にはなった。しかし、傲慢さはそのまま残った。

◆人間は、人に優れた自分だけの才能を発見し、それを努力して磨き上げた者だけが、世に多大な貢献ができるのである。運が悪くて才能を発揮することができなかったと思う人間は、努力より運が必要なのだと傲慢になっているし、また、才能がないと思い込んでも（才能がないと思うのも才能のうち）、努力した人間は人に優しく、この世を照らしている。自分は無知と深く自覚し、傲慢を捨てて、哲学者になった人もいるのだ。

●自分だけの才能　人は生まれながらにして才能の違いがあるのだから、機会均等、平等に教育しても能力差が出現するのはやむを得ない。戦後の廃墟から全員スタートしてどんな人間にもなれると努力したのだが、結局のところ能力差が現実のものとなり、多くの格差となって表れている。

自由に競争したら格差が生まれるし、平等に人それぞれの才能の特徴を認めたら、これも当然、格差が生まれるのだから個人の表現として格差を承認しなければならならないのだ。理想は能力がなくても、それなりの働き場所を社会が用意して、幸せな人生を送れるようにしてやることが重要である。

昔から「籠に乗る人、担ぐ人、そのまた草履を作る人」と決まっていて、それぞれの能力に合った幸せな人生を考えてあげることに尽きる。早く自分の能力が、どの辺のものかを見極め、身を処するのが肝要なのだ。

スポーツに例えれば校内で選手になれるのか、国体まで行けるのか、それともオリンピックまで行けるのかを見極めなくてはならない。やってみなければ分からない、努力すれば、どこまでも伸びると思い込むのでは悲惨な人生となる。釈尊は、その人に合わないことをさせるのは、その人を苛《いじ》めているのと同じだと言った。

317日

人種の問題は、お互いの違いを研究し理解して初めて、人間は基本的には皆同じであると知るのが正しいのである。文化、気候、風土も考えずに、最初から人間は同じであるとすることが人種差別につながるのだ。

◆人間は皆同じと思いながら、違いを発見した時に差別感が生まれる。人種どころか一人一人が違うのだから、相手の個性を認めたうえで、共通項（普遍価値）に基礎をおいて連帯するのが最善なのである。

※２９９日参照。

318日

男女の問題も、男女の違いが分かる人間だけが、良い男女同権論者になる。男女の違いが分からない人間は、基本的には差別論者なのである。

◆お金儲けの上手な女性もいれば、下手な男性もいる。育児の下手な女性もいれば、上手な男性もいるのである。個性により、それを生かして区別されるのは、性差別ではない。人間は皆同じであると、個性を無視するのが隠れた差別論者なのだ。

319日

目の前の人物が理解できない時は、その人が「何をこの人生に望んでいるか」を知るように努めれば、自然にその人を理解できるようになり、これから起こるその人の人生の結末もよく知ることになるだろう。

◆因中有果論というのがあるが、これは原因の中に、もうすでに結果があるとしている。壊れている人間は、自分の「希望」を善く検討しないから、夢中で努力して、たとえ希望通りになっても、それが自分の望んだものと違うことを発見する。人間の「病」に基礎を置いたものは、努力の甲斐も無く、いつも幻想に帰する。

※41日参照。

320日

もちろん、人生は希望通りになるものではないが、それでも希望した内容によって、その枠組みができてしまうのである。悪を望むなら悪い枠組み、善を望むなら善い枠組みになり、それが、それぞれの人生になるわけである。

◆善の心象風景の内に暮らすなら、善なるものがよく見えるのである。奇麗な花を見てもただ感歎する者から、これならいくらと値段を付ける者、自然の摂理を知って生き物の哀れを知る者までいる。貴方は何の風景の中で生きるのかを問われている。人々は、その選択した風景の中だけで生きているのだから。

321日

早く走る人に、なぜ早く走れるのかと聞いてもよく答えられないだろう。才能は説明できないし、他者に伝えることも困難なものである。だからこの人生で早く自分の才能を発見し、たとえ孤独の中でも、精一杯、成長することが必要なのである。

◆真髄《しんずい》を人が人に伝えるのは難しいのだから、人生の行くべき方向がわかったら、自分の才能を磨きつつ、その方向に全力疾走しなければならない。走るために世間の重荷を捨てるのだから、非難され、孤独にもなるが、これなくして真髄を知ることはない。

322日

庶民の中に潜む大衆は、庶民の人生の目的である「真理の探求と幸福の追求」を望んでいるわけではない。むしろ無知と誤《ご》謬《びゅう》を好み、幸福ではなく間違った快楽を望んでいるのだから、庶民は、いつも大衆からの反対と疎外にあうことになる。

◆正しさではなく自己利益のみを追求する群がった大衆は、庶民の中の精神の貴族たちを、当然、無視する。支配層が大衆化したのではなく、大衆が支配層を占拠した現在では、幸福ではなく快楽を追求し、それを提供することが、支配層の最大関心事になったのである。しかし、それでも精神の貴族たちは死に絶えることはない。彼らは社会の片隅で、庶民として、百年でも二百年でも「正しさが望まれるとき」まで生き続けているのだ。

※1、4日参照。

323日

立派な衣食住を望むあまり、その獲得が人生の目的になってしまった人がいる。雨露だけを防ぎ、飢えと寒さの粗末な生活でも幸福にはなれるのである。

◆富も貧困も、それぞれの罠を持つ。単純な清貧の勧めも困りものだが、富めば幸福になると思うのも間違いである。庶民は、富裕でもなく貧困でもない程々の生活に、多くの幸福な人達がいることを知っている。経済条件は、幸福の必要にして十分な条件ではないのだ。

324日

わけ知りの世慣れた人は社会通念を利用する。立派な人と思われることを自分に振り付けるのだが、時が経つにつれて地が現れ、化けの皮が剥《は》がれるものだ。

◆大衆は、倒錯思考に堕《お》ちやすい。高い地位、立派な肩書きに立派な人がいると思っている。美貌も皮一枚下には、無知と無恥を隠している人もいるのだ。美しい人とは、魂の美しさを言うのだが、それを知らない大衆の倒錯を利用して、悪人達は、自分自身に一幕ものの演技を振り付けているのである。

※45、139、235、270日参照。

325日

美辞麗句《びじれいく》を語るが、話の内容は結局なにも話していない人がいる。口は重宝とばかり嘘もつく。当然、このような人物は言葉ではなく、その行動を見て判断しないと危ない。

◆もちろん、「行動を見よ」と言っても過去の行動も見ないと、悪人は、現在の行動をも演技するのだから、騙《だま》されることになる。美しい言葉も、健気《けなげ》に見える行動も、何かを隠すためのことも多いから、結局、行動の基礎にある人格の観察に行き着くことになる。

※11、220日参照。

326日

顔は履歴書というが、確かにその経験を顔に刻み込んではいる。ただ若者の顔は未だ運命が執行猶予になっているためか、判断ができないことがある。

◆顔の造作ではなく、目付きを含めた表情が、よく人柄を表す。人間も、「動く物」と書く動物なのだから、その動きが心をよく表現するのである。そして、いつも美醜に惑わされないで動作のみを注視しなければ危ないのだが、特に若者の顔は未だ社会の保護が必要なためか、戦略的にあどけない顔になっているので注意が必要である。

327日

口より顔、顔より身体が嘘をつかない。言葉よりも手振り身振りの身体言語が真実を語るものである。古来より「人の行いを見よ」と言うのも理由あってのこと。

◆「何を希望して、何をするか」の動きが、よく心を物語るのである。身体言語も時に真実を語るが、実は身体の動きよりも、さらに行為から伝わる意志が最重要なのだ。たとえば「健全な精神は、健全な肉体に宿る」と言うが、これは大きな間違いである。病身でも健全な精神の人もいるし、健全な肉体を持った犯罪者もいるのだから、人間の肉体よりも、行為に秘められた意志が、その人の人格表現の全部なのである。

328日

昔から「悪人は碌《ろく》な死に方をしない」と言われている。悪人でも幸福に暮らせるなら、「この世は夢ぞ、ただ狂え」になるが。

◆悪人も、悪が成熟するまでは栄えることがあるが、それが頂点に達すると、後は激しく滅びるものだ。彼らが望むのは快楽であって幸福ではないのだから、当然、幸福にはなれずに儚《はかな》く終わる。庶民は、「悪徳の栄え」を見ても、激しいものは雨でも風でも長く続かないと、止むまで耐え忍ぶことを知っている。軽々しく、激しく燃える上がる悪と戦って、善なる者が焼かれるのを見たのだから。

329日

世間には二種類の人間がいる。正しさを基準にする人と利益を基準にする人である。前者は利益がなくとも正しい行為をするが、後者は利益がないことは正しいことではないと思っているので不正に傾く。

◆二者は、それぞれ住む風景がちがうのである。限り無く利益を謀《はか》る人達は、相手の欠点を見抜いて、その傷を拡大してまでも利益を貪《むさぼ》る人達である。もちろん、一見人当たりがよい、重要人物にも見える人達なのだから、これを信頼して人生を誤った人達が多く存在している。正しい人が、他者の傷を癒《いや》して人生を豊かにしてくれるのとは、大いに違うのだ。

330日

利益中心の生活者は、家族から親友から最大の利益を期待し、利益が無いと判れば即座に、その人を捨てる。このような人間と判ったら、早く側を離れるしか方法がない。

◆このような人間は、利益重視のために、人々を物質のように理解している。他人は自分の欲望を満たす道具なのだから、利益が無いと判れば、幼児が要らないオモチャを捨てるように、親しい人でも捨てる。そして、利益をくれる人だけが家族であり親友となるのだ。

331日

正しさを生活の中心に据《す》える者は、巧言令色の人ではないから近寄り難いところがあるが、裏切ることも見捨てることもない。友人として静かに控えている。

◆人間を主食として食べる動物はいない。人間を大量に殺すのは、いつも人間なのだから、眼の前の人間が「何者か」を絶えず注視しなければならないのに、軽率にも、自分と同じ行動原理に立脚した、同じ価値観を持つ人間と思って失敗することが多いのだ。この罠の多い人生を、善く生きるための冒険の旅に出て、共に語らい過ごせる人間なのか、または、間違った目的の旅をしている人間として、捨て去って、自分一人でこのまま旅を続けるのがよいのか、鋭く見極めなくてはならない。

●巧言令色　言葉をうまくかざり、顔色をうまくつくろうこと。

332日

正しいとは表面の観念的な正しさではない。マスコミでは家庭を捨てた人が家庭の大切さを説き、映画では名母親役といわれた二大女優が、実際は子供を育てた経験がない。現在では正しいと思われそうな「正しさ」が作られているのである。

◆現実の上に虚構を重ねて、より現実らしく見せるのが演劇論の立場であるが、一部のマスコミは、演劇どころか最も厳しい現実であるはずの戦争でも、真・善・美の普遍価値を伝えるのではなく、作りあげた虚構を被せて「現実」として報道しているのだから、大衆が正しく報道された現実として受け入れているものが、すでに加工された「現実」なのである。

333日

私の哲学は「人は生まれながらにして壊れている」という考えが基本になっている。人間社会は不完全に生まれた人達が完全な人間として振る舞うことにより、数々の悲喜劇が生まれているのである。

◆人は「私の言う通りにすれば、何事も間違いはない」と言うが、これは自分が完全な者として存在し、神仏の如き者であると言うに等しい。壊れた自然物に過ぎない人間が、誤りなき者と主張すれば、混乱は避けられないのである。

※10日参照。

334日

自壊者である人間の一生は、当然、不完全から完全な自分を目指す一生であり、その壊れた部分の修復が最重要課題となる。

◆ 修復には、自分が壊れた自然物だと自覚し、人間のルールを捨てて自然のルールを悟るか（自力）、あるいは真正の文化を通して普遍価値を学ぶか（他力）の二通りの方法がある。どちらにせよ、生涯を通して普遍価値を追求するということに尽きる。

335日

人間のどの部分が壊れているかは毎朝の新聞記事を読めば明らかであるし、個人的にも自分自身の性根《しょうね》を調べれば良く解るものである。

◆自己を観照せよ。心の深奥にわけ入り、どこまでも、冒険の旅を続けなくてはならない。今、自分が何を考え、何をしようと思っているかを深く考えれば、人間の何が「空の空」なのか、よく観えるのである。

●観照　対象の本質を客観的に冷静にみつめること。

336日

他の動物は存在そのものが完成品である。本能に導かれて行動する動物に善悪の区別はない。壊れた人間は壊れた本能に代わる行動規範が、どうしても必要なのである。

◆人間は、壊れたために善悪の区別が生じたのだから、悪を抑圧して、正しく善に向かう行動規範（文化、自然のルールへ回帰）が必要になったのである。現在では、お祭りで遊ぶこと（快楽）は教えても、神仏への畏怖《いふ》の念（自然のルール）は教えていない。

●善悪　善いこと、正しいことをすれば好い結果があると教えても、正しいことをしなくても、良いことがあると思う壊れた大衆は、良いことがあるための唯一の方法が正しいことをすることとは知らない。この思い込みの無知が邪魔をして、正しいことをする他ないのだとは、決して思わない。

337日

死ぬよりも生きているのがよい。ただ生きているよりも「善く生きる」のがよい。善く生きるためには、人間は他の動物と違って、生き物として壊れているのだから、内外に普遍原理に基づいた行動規範を構築し、それを学ばなければならない。

◆残念ながら世に喧伝《けんでん》されるのは、利益のための行動規範である。普遍価値を教えるはずの宗教が物質的繁栄を説くのだから、一部の宗教が巨大な集金システムになったのも頷《うなず》けることだ。心の陶冶を忘れて、真の繁栄はないのである。

338日

普遍原理の行動規範とは、他者の幸福の追求を助ける行動原理である。人間は自分の幸福がこの世で一番大切なものだから、当然、他者も自分の幸福が一番大切なものである。したがって、他者の幸福を願うことが、他者から見た他者である自分の幸福である。

◆自分だけの幸福を願い、他者は不幸でもよいなら、他者も自分だけの幸福を願い、他者から見た他者（私）の不幸を願うようにもなる。エゴイズムは他者のエゴイズムを招き寄せて、幸福になる者は誰もいなくなるのだ。

339日

他者の幸福といっても、その幸福の内容が問題になる。人は時に人間の壊れていることの証明であるエロティシズム、エゴイズム、ナルシシズムに基づいた幸福を求めるが、これは間違った快楽であって幸福とは言えないのである。

◆幸福の反対が不幸ではなく、幸福の反対にあるのは快楽なのである。そして快楽が極まって不幸になるのだ。この終わりなき快楽の信奉者は救いがたい。彼らは確信犯なのだから、懸命に諫《いさ》めても、人は心の底では自分と同じ快楽を求めているのだと嘯《うそぶ》く。三病に堕《お》ちた人たちは、虚無に行き着くまで止むことはないのである。

340日

幸福と間違えて快楽に耽《ふけ》っている人に会ったら、我の行く道ではないと悟り、その人からすぐに離れるべきである。その人は他者を亡ぼすことも快楽と思っているから、笑いながら他者を破滅させる。

◆快楽（エロティシズム、エゴイズム、ナルシシズム）に嵌《は》まった人たちは、善悪ではなく強弱、優劣の世界に住むことになるから、彼らは正義、善人をも亡ぼすのに躊躇《ちゅうちょ》しない。急いで、この利得充満に輝いて見える彼らの幻想世界から抜け出して、たとえ一人になっても、病むことのない心穏やかな境地を求めなくてはならないのである。

341日

我々のような無知な人間には、快楽は光り輝いた幸福に見える。人間の隠れた病気であるエロティシズム、エゴイズム、ナルシシズムの描く快楽の罠には、無限連鎖の欲望と焦燥《しようそう》があって満足がない。どこまで行っても倦怠《けんたい》と悔恨《かいこん》があるだけなのだ。

◆古代から現代まで、戦争に「善悪」を見出すことはない。善い戦争が無いのは、戦争そのものが快楽原則に基づくパワーゲームだからである。この点から見れば、歴史学も解釈学に過ぎないのだ。

卑近な例では、我々の好むスポーツや各種ゲームも快楽追求であり、相手の人格に関係なく、相手を打ち負かすことに快《かい》なりを叫ぶ。勝負に過激にのめり込む人間の頭の中は、善悪ではなく、優劣で満杯なのだから、決して満足することのない「病」を抱えた人物と見なければならない。

日本古来の剣道や柔道は、悪を倒すのが目的の練磨《れんま》であり、善悪の普遍価値を持つまでに成熟していたことに注目したい。

342日

快楽追求者は実体のない虹を摑むような迷妄を抱く。世のため、人のためといって行動しても、世のためにも人のためにもならず、結局、自分のためにもならない。

◆先の戦争を考察しても、初めは多少の国民の利益を考えていたが、やがて善悪よりも優劣を重視するようになり、初期の利益をも失う結果になったのを見てきた。これは普遍価値を忘れて優勝劣敗の快楽原則に嵌《は》まったのであり、この地上に悲惨な結果をもたらしたのである。

また、最近の身近なことだが、国が国民の健康増進を推進するのはよいが、「健康で、何をするのか」の理想の物語を語らなければ、健康な国民は、やがて快楽原則の酒池肉林の宴《うたげ》に進み、人心が荒廃することもあるのだ。ただの健康増進は快楽原則であり、「何をするのか」の選択のうちに幸福原則があるのだから。

343日

莫大な富を蓄積しても、本来の幸福のためには利用できずに、奢《おご》り昂《たかぶ》った快楽のためにだけ消費する人が多い。快楽への欲望が動機ならば富も迷妄となる。

◆富も権力も、その獲得を目的にするならば、ただの快楽に過ぎない。それを使って最大多数の最大幸福に奉仕するなら、そのときに初めて普遍価値に添った幸福原則になるのである。

344日

高位高官の位に登っても庶民の幸福を計らずに快楽（奢《おご》り）に奉仕するならば、凋落《ちょうらく》はすぐそこに来ている。上に登るほど無知が露呈して庶民にもよく見えるのだから。

◆初心の動機が不純で、権力の座を得ることだけが目的の人は、権力の座についたその日から、その権力の維持だけが目的になり、庶民の幸福は念頭にない。改革を旗印にして地位を得たら、今度は現状維持の何もしない権力者になるのは、皆この類《たぐい》である。

345日

人間にとって大きな権力は、過剰な食欲、過剰な性欲、過剰な富と同様に追求すべき幸福のように見えるが、実は間違った快楽なのである。制約された適度の権力が庶民の幸福を約束する。

◆見も知らぬ罪もない庶民の運命を変える程の権力は危険である。庶民がどれほどの些細《ささい》なことで、一喜一憂しているかを知らない権力者の権力は、快楽だから、当然、自分の招く結果の恐ろしさの自覚もなく、小さな希望のうちに静かに暮らす庶民の生活には、一顧《いっこ》だにしないのである。

346日

人間にとって幸福な状態とは、多くを約束されていない。穏やかな、心静かな状態だけで十分なのである。等身大の「ささやかなもので満足する心」が幸福を準備するのである。

◆人間以外の動物のどこを探しても、人間ほど自然に多くのものを要求し、多くのものを奪い、多くのものを所有するものは見出せない。人間の壊れている証拠は「過剰」となって現れているのだから、自然から与えられた本来の欲望が、過剰な欲望である渇欲に変化して幸福になれないでいるのだ。

347日

快楽は幻影なのである。渇欲は幻影の薬味なのである。人は鋭い落ち着かない目付きをしてそれを追い回し、やがてそれに捕まってしまうと、今度は罠《わな》に嵌まった動物のように、脅えた目付きをしてじたばたする。

◆普通の欲望、普通にある快楽が否定されるのではなく、過剰に彩《いろど》られた渇欲が、我々に困難な状況をもたらすのである。渇欲の描く世界は、空にかかる虹の如く、美しい幻影であって、どこまで追っても摑《つか》むことはできないのだ。

348日

快楽の入口は明るく輝いて広い。そこに入れば幸せになれるようだが、実はどこまで行っても満足の地には着けない。幸福の入口は質素で目立たず狭い。そこに入っても華やかな心躍ることはないようだが、そこが真の心穏やかな満足の世界なのである。

◆人間の根底には無知が潜んでいる。そのために人生で何が重要なのか、善く選択できないでいる。例えばレストラン一つ考えても、立派な建物に光り輝く什器《じゅうき》を揃えて料理をだしても、これだけでは快楽条件だから成功しない。幸福条件の心籠《こも》った料理と、もてなしがなくては成功も覚束ないのだ。技術の練磨のうえに「料理は愛だ」と言う人がいるように、心の陶冶と、それから生まれる行為が最も必要なのであり、これなくして他者の十分な満足は、とうてい得られない。

※353日参照。

349日

人生を悟るとは関係性の意識を切断することである。この時、はじめて「本来の自己」を知り、「普遍原理」を観ることになる。そしてあらゆる疑問は氷解する。

◆人生を悟る修復の旅、善く生きるための冒険の旅とは、人間が自然物として、本来の自己へ回帰する旅のことである。この世の虚構に囲まれた幻想在の中で、普遍価値（真・善・美）の存在する真実在を目指して、人々が連帯して生きて行こうとする冒険の旅のことである。

そして、この旅に旅立てば、人々は「何故あのような行動をとるのか」の疑問も、「人々は、自分だけの風景に生きていて、残念なことに、それが一つの心象風景に過ぎないことを知らないのだ」と深く理解することになる。また、それと同時に、人間は「真剣に普遍価値と遊ぶ」ことだけが、真実在への道なのだと悟るだろう。

先人の言うように「人間は神の玩具」ならば、この自然の中で、真理を歌い、普遍を舞うことが、自然物としての我々の務めなのだ。

※364日参照。

350日

意識が、この地上に自分だけの小宇宙を描き出している。この小宇宙の内容により、人はそれぞれの人生を味わう。そして小宇宙の関係性（社会、家族、友人など）の間に生きている人間は、この意識の糸が切れると瞬間的に真実在を観る。

◆真実在とは、広大な宇宙の中で、ただ一人たたずむ「自然物の自分」を認識することである。私が自然物である証拠は、私は内田賢二と呼ばれているが、私を解剖しても普通の臓器により構成されている他者と変わりない者であり、この身体をより細かく内田賢二なる者を探しても、それはどこにも見出せないのだから、概念として、内田賢二と呼ばれて存在する自然物に過ぎないのである。そして、この自然物の内田賢二を個体として評価識別するのは、何をするのか、何をしたのか、の行為であるから、人間を個性として価値ある存在と評価するのは行為であり、その行為に普遍価値（真・善・美）があるかないかなのである。

これと同様に、国家、会社、町内会までも、その何処を探しても、建物や構成員は見つけられても、国家、会社、町内会そのものは、概念（名称）があるだけで、我々の頭の中だけの存在である。このように、我々とその組織体は、関係性の中で、その名称で呼ばれている自然物なのだから、概念を通して意識が作り出した心象風景なのであり、この心象風景の中の自然物が、普遍価値（真・善・美）に基づいて存在しているのが「真実在」なのである。そして、もしも、これらの自然物（国家、人間）に、普遍価値（真・善・美）が存在しなければ、それは「幻想在」だから、はかない陽炎《かげろう》に過ぎないのだ。

※355、356日参照。

351日

熱狂的で人間的に冷たい人に会ったら、その人の思考は妄想形態なのだから、他者を自分の渇欲を満たす道具と考えていて、やがて周囲の人たちを滅ぼすことになる。直ちにその人の前から立ち去って、「善く生きるための冒険の旅」に旅立とう。

◆悪人は、話術も巧みで面白く、手なづけるために少しの利益を与えて相手を喜ばせ、それなりの魅力的人物に映るのだから、善男善女も、悪人の描いた妄想の風景に嵌《は》まるのである。

たとえ親子兄弟でも、渇欲の人と判ったら、物理的に離れられなくとも、精神的には遠くへ離れて、渇欲に操られた「人形の乱舞」を見るような、冷静な態度に終始しなければならない。世間には、あまりに酷いので冗談と思うほどの、渇欲の犠牲になった現実も多いのだから。

352日

骨身に滲みてわかったことは、人間は自然界の自然物であり、自然のルールに支配されていることである。自然を征服したという妄想や、人間のルールがあるという迷妄に騙されているのだ。自然のルール（普遍原理）だけがあり、これが修復への道である。

◆人間のルールは、自然の摂理に適《かな》った時だけが、ルールと呼ばれるほどのものである。強権により人間のルールを押しつけてみても、水が低きに流れる如く、やがて自然のルールに戻ることになる。人間は、生得的にどこまでも恣意《しい》的に振る舞いたいのだが、もしそれができたとすれば、それは自然の意志であって、人間のものではない。

353日

自然のルールとは、歴史上の知的巨人たちがいろいろな角度から教えている（釈尊の法《ダルマ》、キリストの愛、ソクラテスの無知の知、孔子の天命など）。これが人間の壊れた本能にかわる「修復された、表現された本能」なのである。

◆巨人たちは、自然のルールに従って「どのように生きるか」を教えている。しかし、人間の根底には無知があって、自然のルールをよく理解できないでいるから、その無知をいかに克服して生きるかを、それぞれのキーワードを使って説き聞かせているのである。もちろん、巨人たちの命題である「無知の克服」と「自然のルール」を、完全に実行するのは困難かもしれないが、その説かれた完全性を、絶えず希求して生きることは可能であり、また、説かれた完全性を深く信じる行為によって、初めて無知の克服が可能なのだとも教えている。

●無知

これには二種類あって、知らない無知は、教えればすぐにも解決するので問題はないが、もう一つの無知は、まるで知に見えるが知に反した無知で、思惑の無知をいえるものである。これは各種欲望に基づく思い込みで、その欲望を現実化しようと夢想したものであるから、とうてい知とは呼べないものである。

　有識者、学術経験者も立派な専門知識を持っているが、それでもこの思惑の無知による失敗が多い。有名な国際的賞の受賞者は、人類に貢献した立派な人たちだが、彼らさえ受賞した途端に古女房を捨てて、若い女と一緒になった者が数名いるが、長く側《そば》にいる眼の前の人を幸せにできなければ、その眼の前の人は、自分だから自分も当然幸せにはなれないだろう。ある視点から見れば、これも無知と言うほかない。

　庶民は著名人の中には、人格的な問題があって指導者としては相応しくない人がいることを知っている。これに反して大衆は、賞賛された有名人を全面的に信頼して、崩壊した人格とも知らずにその劣等者の支配を受ける羽目になる。

※348日参照。

354日

虚実の均衡のとれた人間社会が望ましい完全な社会である。もちろん、不完全な人間が完全に到達することはできない。人間に許されているのは完全を希求し、それに向かって弛《たゆ》まず努力する過程に存在する「完全性」だけなのである。

◆物質的現実の上に虚構を被せて、「虚実の物語」として存在するのが人間社会である。この虚構は、普遍価値の存在により、初めて真実在になるのだから、普遍価値（真・善・美）のないものは、全て幻想在である。

完全な社会とは、虚構と現実のバランスをとって、普遍価値に向かう「道程」に存在するが、真実在が普遍価値の許容する範囲の中で、固定的ではなく、絶えず流動的であるために、真実在を見失いがちになる。このために、完全な社会も、真・善・美の中で揺らぎ変わるのだと理解しなければならないだろう。

※35、66、96、196、228、272、310、311日参照。

355日

政治も経済も現実である。この現実の中で暮らすうちに人は合理性や効率を追いかけて、人生の重要な虚構部分を忘れてしまい、ついに人間を物質のように取り扱うようになった。そして政治も経済も、そのものが目的化してしまい虚無に向かっている。

◆政治や経済の中に、人の世の重要な虚構部分である「虚実の物語」が存在しているのかどうかが、今、問われている。我々が尊重する虚（真実在）は、普遍価値の「虚」であり、文化としての「虚」なのだから、現在のように人々の幸福を願わずに、手段に過ぎない権力維持や、手段に過ぎない富の蓄積を目的とすると、文字通りの虚（幻想在）になり、有益なものは何も存在しない虚無となるのだ。

●真実在と幻想在
人間社会は「虚実の世界」であり、虚構と自然の物質的現実でできていて、その虚構に真・善・美が含まれていれば、自然のルールとしての真実在となり、真・善・美が含まれていなければ、人間のルールとしての幻想在となって虚無になる。

※350日参照。

356日

反対に虚構（宗教、思想、慣習など）が肥大化しても現実感を失う。仮想現実の中で遊ぶうちに虚構が人間を押し潰してしまって、やはり虚無の世界の住人になる。

◆人間は自然物だから、やはり物質的現実からは逃れることはできない。普遍価値を追求するにしても、現実を忘れて過剰に普遍価値に執着すれば、我々の生活は、かえって真・善・美から離れて幻想化し、虚無に向かうのである。

ここで一番重要なのは、変転極まりないこの世界の中で、絶えず虚構と現実のバランスをとりながら、虚構の中に真・善・美を注入して、真実在として暮らすことだ。そして、その平衡の支点は、いつも「人々の幸福を願うこと」に置くのである。

357日

虚構が重要といっても、真・善・美に基づいたものだけが重要なのである。文化の中心は真・善・美の精神世界なのだから、真摯《しんし》に虚構の世界に遊ぶことが必要なのである。

◆この人生に疑問を持ち、社会の文化を疑い、その真・善・美を考察して、初めてこれらを「信じる」のでなければ、真摯に虚構の世界に遊ぶことはできない。疑いもなく信じるのは、批判のない盲従なのだから、やがて過剰な快楽である渇欲に親しむようになり、幸福にはなれない。

人間は、よくよく考えたうえで普遍を信じ、それを歌い舞うことにより幸福になるのである。これだけが、正しい「人間の遊戯」なのだから。

※314日参照。

358日

虚構といっても正しい神仏が虚構なのではない。神仏は現実なのである。これは人間に生き方を教えるものであり、壊れた本能に代わる「修復された、表現された本能」なのであるが、その周辺装置や機能は虚構なのである。

◆神社仏閣、教会の全部が普遍価値により機能しているのなら、これほどの長い間、多数の庶民が人生の目的を失い、数々の苦難に呻吟《しんぎん》することはないはずである。一部の建物や構成員が立派でも、普遍価値を中心に動いているのでなければ、装置も機能も幻想在となり、庶民を救うことはできない。急いで「虚実の物語」を再構築するときが来ているのである。

359日

正しい虚構を真面目に真剣に演ずることが正しい文化なのである。怪しげな真・善・美と関係ない、文字通りの虚構を振り撒《ま》いて熱狂や陶酔に誘うものは文化ではない。

◆世に蔓延《まんえん》するのは熱狂や陶酔であり、これが快楽の正体なのである。大衆は、精神の飢餓状態を快楽により満たしたいと思うが、快楽には、どこまでいっても満足がなく、次から次へと精神の飢餓を招くだけである。普遍価値に基づく虚構（文化）だけが、満足した、静かな、覚めた分別に導き、我々を「本来の自己」の状態に修復するのだ。

※35、66、96、１９６、２２８、２７２、３１０、３１１、３５４～８日参照。

360日

宗教も哲学も手垢に染まり薄汚れてしまった。いかに生きるかを教えるはずの宗教が金銭を欲しがり、哲学は庶民に理解できない難解な論説を振り撒《ま》いている。理解できないものが、宗教であれ哲学であれ人々を救うことはないのである。

◆時が経つうちに、宗教も哲学も本来の主旨の実践を忘れて、ただ言葉の上に言葉を重ねて難解な論説を展開するようになった。人間の言語機能は、複雑な論理を、心に沁《し》みるように語るほどには発達していない証拠に、我々は未だに心からの「叫び声」以上に、心打つ意味伝達機能を見つけてはいないのだ。そして、読み取る人より感じ取る人の方が多いのも、このためだから、これを考えると、人間の言語能力に合った対話や短い言葉（アフォリズム）の方が、自然物である人間の「現実存在」をよく表現すると思う。今こそ原点に帰って、宗教、哲学の短くも寸鉄人を刺す、鋭い言葉と直截な行動が待たれている。

●アフォリズム　ギリシャ語の「囲う、区切る」から由来した言葉で、哲学的断片としての短い文章にした表現形式。格言、警句として体系性を拒否した思想表現の手段でもある。生、実存の哲学は、鋭くも軽妙な短い文章を好む。

361日

人は有限の世界に住んでいるのだが、無限世界に住んでいるかの如くに幻想して暮らしている。平均寿命まで生きるにしても、あとどれくらいの食事の回数が残っているかを計算できるのだから、善く考え、善く味わって生きなければならない。

◆生まれてこのかた、自己意識の波がつながっているので、あたかも永遠に生きられるかの如くに行動する人がいる。一世代は三十年だから、三十年後には世間に対する影響力も消え失せているか、運が悪ければ死んでいると気がつかないのである。

自分が存在さえもしない時間に影響力を与えようとするのは奢《おご》りであり、たとえ青年でも、自分の手が届かない時代に向かって、ためらいもなく発言するのは、思い詰めた老人が招く老害と同じなのである。この加齢（時間）に対する無知が、人間は寿命がきて死ぬのではなく「生きながら、少しずつ死んでいく」という現実を忘れさせている。

362日

人は有限の自分を、悠久の時間と風景の中に置いて考えることができない。いつも何かに夢中になり何かに執着していて、限りある人生を忘れる。ゴルファーが美しい景色を見ないで、戦術的意味のみを見ているのと同じである。

◆人間は皆、夢の中である。この世界に、一人ポツンと生まれ、一人勝手に年をとり、一人ポツンと死ぬのである。わざわざ自分で作り出す、あれこれの意味のないことに拘《こだわ》る時間はないのだから、早くこの世の煩《わずら》いから逃れて、善く生きるための冒険の旅に出て見れば、そこには素晴らしい風景が広がっている。

そして、このもう一つ上の人生風景を生きるのが人間本来の姿なのだ。たとえ、この風景を拒否しても、低次元の人生を、ただただ空しく生きるだけである。

363日

人間も美しい自然界の自然物なのである。美しい風景、素晴らしい家族、善き友人に囲まれているのに気が付かない。日常生活の「何かの思い」に捕らわれて、自然物である自分を忘れてしまい、自ら不幸な世界を作り出しているのである。

◆何かの思いが、生まれつき誰でも持っている智恵の眼の本心を盲目化している。例えば、自然のルールから考えれば、自分の家、私の家と言うが、「私」と「家」があるだけで、「私の家」はないのである。「私の家」と呼ばれている建物は、所有や形を表す約束事であり、その約束事がなくなれば消滅する虚構なのだから、これに執着すれば判断を誤る。どの家も、生きている間だけの、この世を平穏無事に幸福に過ごすための「仮りの宿」なのだから、その中に幸福がなければ仮の宿にもならない。

我々の日常生活は、無知な「何かの思い」が邪魔をして、この虚構（自分の家）に、幸福を塗り込めないでいる。そして、この無知に彩られた「何かの思い」は、エロティシズム、エゴイズム、ナルシシズムに基礎を置いているのだから、この人間の「病」が、周囲を汚し、変質させて、不幸を作り出している犯人なのである。

364日

幸福とは本来の自己を知ることである。そして本来の自己は普遍価値と同じであると知ることである。普遍価値に個我はないのだから、本来の自己にも個我はなく、人間は自然の法則に従う自然物なのだと悟ることである。

◆人間のルールは、生きるための「とりあえずのルール」なのだから、これに拘《こだわ》れば、倒錯した迷妄の世界に住むことになる。知的巨人たちの努力は、個別の人間が嵌《は》まった人間のルールを、いかに解きほぐして自然のルールに戻すかの営為なのだ。

●本来の自己　結論を言えば、本来の自己はない。あるのは身体の中心にある普遍価値、本心と言える誰にもあるものが、存在するだけである。

※349日参照。

365日

心が、身体を使い、人生を描く。心の使い方が、総ての結末になる。

◆心とは本心のことである。感覚器官を通した見たい、食べたい、行きたいなどの気持ちを心と言う人もいるが、これは欲望をともなった欲心とも言える「感情」なので、ここでは心とは言わない。これとは違った欲望から自由な意志を持った本心（普遍価値）を、誰もが身体の中心に持っているのだから、この中心にある本心を利用することにより、善く生きるための冒険の旅ができるのである。

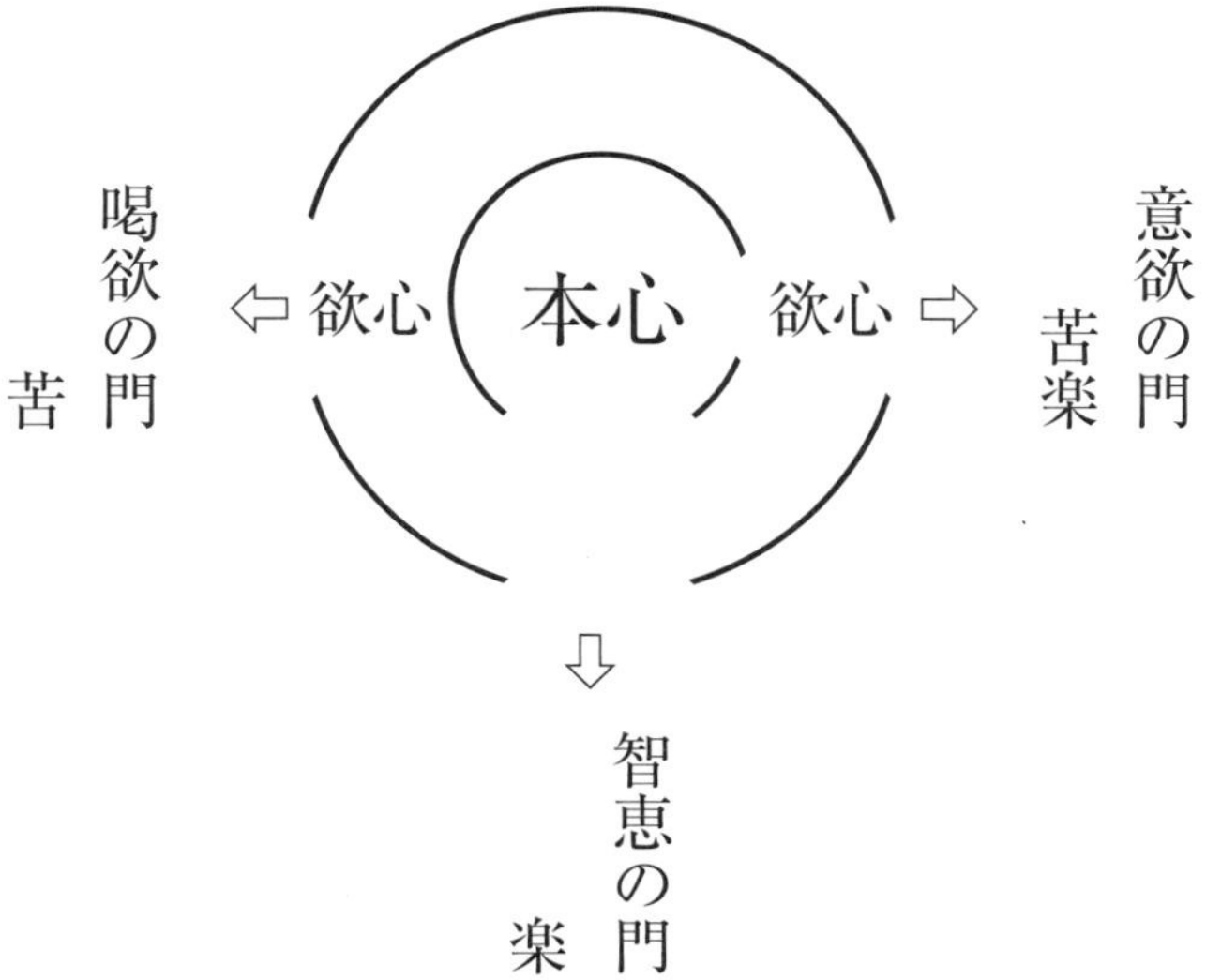

図のように心を外に働かす時、どの門を通って外に行くかで苦楽が分かれる。正しい時に、正しい心の使い方をしなくてはならない。

●心の使い方

誰の身体の中にも「本心」と言えるものがある。普遍価値、理性、良心、真我、超自我、愛、慈悲、天命、自然律、ソクラテスのダイモン、沢庵和尚の「本心」と、先人たちが教えてきたのものである。一方で、感覚器官からの欲望に染まった欲心も存在し、この二つのどちらが強く働くかによって、身体から外へ出て行く門が違っていて、その出口の違いはそれぞれの結末になる。欲心が本心を捨てて、喝欲の門から出て外で欲心を働かすならばエロ、エゴ、ナルシシズムの世界が広がっていて、初めは面白く、やがて悲しい結末になる。地獄、極楽はこの世にあるもので苦に沈むか、幸せになるかは、自分の判断した出口の選択による。

地獄の世界は世間に多く見られる身近なものだから、その地獄絵図は現実を映して精密に描いてある。極楽絵図は人間に許されているのは、快楽的なものではなく、魂の動揺がなく、心が平静なことだから、その分別と思慮深い生活は外からよく見えないので、曖昧で平板な絵になっている。

本心と欲心が結びついて出て行く門は、意欲の門になり普通の人たちはこの門から出て、苦楽を経験して人生を終える。壊れた部分を修復しないで生活するのだから、失敗と成功を繰り返す不安定な一生になり、誰の話を聞いても、残念なことがあまりにも多く、もっと違う人生があったろうと、叫びたくなるほどだ。

欲心を門の中に残して、本心だけが外に出て行く門は智恵の門で、外に出て働いても正しい知識に導かれて、平穏無事な生活になり期待通りの人生になる。これこそが我々の目指す門である。これより出《い》でて冒険の旅を続けよう。

年老いて（二〇一七年）

少年はいつの間にか老人になった。過ぎてしまえば一瞬のこと。自他の無知に翻弄されて、右往左往したが、時が経つと、心穏やかな静寂が訪れる。

この地球を引力に密閉された一つの器と見れば、この中で死に変わり、生まれ変わりしても、器の中の質量（※）は変わらないのだから、形は変わるが、いつも存在していることになる。

山川草木を見て、美しく、懐かしいと思うのは、それが我々自身だからだ。そして周りを見れば、天国も地獄も人が作って、この世にあると知った。

この365日の知の旅が、善く生きようとする冒険者たちの助けになることを祈る。

平成二十九年　厳冬　　八十三歳

※質量不変の法則――「化学反応の前と後で、元素の種類と物質量は変わらない」とする化学の法則で、密閉された器の中で動植物を焼却、または腐敗させても形は変わるが、質量、重量は変わらないのだから、その器の中に、前の全体は見えないが、全部があると見なければならない。例えば密閉された器の中で、薪を焼却して灰と煙になっても、その重量は変わらないのだから、薪としては見えなくなっても、そこに全部が存在していることになる。地球を引力で密閉された一つの器と見れば、＊アメリカインディアンの古歌「千の風になって」のように、我々はいつでも、どこでも、森羅万象の中にいることを意味している。

＊アメリカインディアンは風葬なので、風の歌の意味はよく通るが、仏教にも、どこにでも仏がいるという「草木国《そうもくこく》土悉皆成仏《どしっかいじょうぶつ》」の思想があるのでよく理解できる。

舞台裏（二〇一三年）

このところ半世紀くらいの間の一番素晴らしい舞台は、なんと落語家の六代目三遊亭圓生の最後の噺《はなし》であった。昭和五四年九月に東池袋のサンシャイン劇場で「夏の医者」を語ったが、危機迫るものがあり、その直後に亡くなっている。

噺の内容は、二五〇年前の笑話本が基となった他愛ないもので、ある村の親父さん食欲もなく、心配した息子が六里離れた隣村の医者を訪ねて往診を頼み、一緒に峠で一休みしていると、古くからこの山に住む蛇（ウワバミ）に飲まれてしまい、困った医者が薬籠から下剤の大黄（健胃・瀉下剤）を出して腹の中にまいたので、ウワバミは苦しんで二人を草の上に下したから助かった。

往診先の患者はチシャ（小松菜類）の胡麻よごしの食べ過ぎと分かり、「夏のチシャは、腹に障《さわ》ることがある」と注意して、さて薬籠をみると、ウワバミのお腹に忘れてきたこと思い出した。取って返してウワバミはと見れば、松の大木の枝にげんなりして首を架けて、あえいでいたので、腹に薬籠を忘れたからもう一度飲んでくれと頼むと、ウワバミは「もうやだ、夏のイシャは、腹に障る」と答え、これがオチになっている。

この話も名人上手の手にかかると、江戸時代の長閑《のどか》な農村風景やそこで暮らす善良な父子、素朴な医者、澄み切った空気や、声のよく通る静かさまでが、眼前にほうふつと浮かんでくる。ウワバミまでが呑気で善良なのがうれしい。我々もしばしの間、江戸時代に遊べて貴重な楽しい時間を過ごしたものだが、これと同じく上手な絵画を見ても、その中の会話や流れる音楽、爽やかな風、程よい気温までが伝わってくる。音楽だけでも、自分の好きなものは、頭の中で映像化して楽しめることはよく知られている。

人間が感動するのは、それを見ている人の心の琴線に触れた舞台、絵画、音楽、彫刻であって、よく「この芸術作品は解らない」と言う人がいるが、解る、解らないと頭で理解するのではなくて、心の琴線に触れたか、触れないかで、それぞれ納得するものだと思う。

それでは心の琴線とは何か。琴線とは、どのような人も生まれながらに持っている普遍価値の真善美、具体的には智恵、勇気、節制、正義（善）、寛容、慈愛などの本心であって、これが表現できない舞台では、いくら華美華麗な舞台を作っても人は喜ばない。今までに観た舞台で感動した「ラマンチャの男」や「頭痛肩こり樋口一葉」なども、普遍価値や真善美を描いたもので、人間の本心に基づくものであったから感動したのである。流行歌、演歌も調べてみれば、人が涙するのは普遍価値に対してであることが分かる。たとえ悪いことをしながらも、善なることを望んでいるのだ。

最近は流行《はや》らないがお化け、幽霊のたぐいも、この世の人たちが善なる存在であることを、強く願って現われる。このように舞台の基本は真善美であるだが、それでも美に対してはまだ世間に誤解があるようだ。

美とは何か。美とは精神の美であって、形の美しさではないのである。美しい住まい、美しい衣服、美しい容貌ではなくて、人間の内に存在する善なる魂の美しさを表現できた時に、美と呼んでいるのだ。

それでは魂の美を演劇や彫刻で表現できるのだろうか。古代ギリシャ人だけが、なぜかできるとしてギリシャ悲劇、喜劇、彫刻を生んだのである。真善美を象徴した神の似姿も彫刻として好んで刻んだのはギリシャ人が初めてで、仏教も、古代インド人は仏像を作らなかったが、インドグリークと言われたガンダーラ地方のギリシャ人が、初めて仏像を作ってしまったのだ。この善なる魂の美を演劇、彫刻として表現したギリシャ人の功績は大きいものがあり、現代の舞台も、この内なる魂の美が基本になっている。

余談だが、生前に釈尊は礼拝した人に対して、「私の年老いたぼろぼろの身体が尊いのではない、私の考えと行為が価値あるものなのだ」と諭《さと》しているから、偶像崇拝になる仏像を作ることには反対であったと思われる。三大宗教のうちキリスト教もイスラム教も神の像はない。

キリストは神の子であって、キリストが「主よ」と呼びかけた神の像はないのだから、ギリシャ人だけが、真善美を表わす神の像を作り出したことになる。

舞台と言えば、思い出すのは大学時代に美術部に所属していたので、演劇部から大道具の相談を受けて会議に出席し、彼らの舞台上の役割を決める争奪戦を見て、あまりの激しさに驚いたことがある。誰が主役になるかの争いは激しいもので、美しい舞台を作るために舞台裏では醜い争いがあると、その時初めて知り、ますます舞台の裏側に興味を持つようになった。もちろん、そのことがなくとも我々は、戦時中の大本営発表を聞きながら育った世代だから、「国家も嘘をつく」と知っていて、世間の真実を知りたいと、人生劇場の舞台裏に興味を持つ人が多いのだ。

ただ、その頃の先輩には天下国家を論じ、悲憤慷慨する人たちが大勢いて、彼らは表面の現象に流され、漂う情緒に酔いしれた挙句に、決して真実を知ろうとしない人たちだから、なんの結果も生まなかった。その反省もあり、「何が真実か」と、いつも問い続ける次の世代が出現したのである。

地球温暖化の問題も、マスコミや映画「不都合な真実」などによると、化石燃料の消費により地球が温暖化し、小さな島などが海水の上昇により沈んでしまうとしているが、これは大いに疑問に思っている。温暖化は、地球規模の長期的な周期の自然現象で、決して化石燃料の大量消費のためではなく、小氷河期が終焉しつつあるからだと理解している。そうでなければ、例えば浦和（穏やかな海岸）、川口（川の口、河口）の意味が通らなくなるからだ。

大昔は浦和も川口も海辺の町であって、小氷河期が来たために海岸線がどんどん遠くなり、今の状態になったのだから、温暖化の周期になれば小氷河期も終わりを告げて、海岸線は内陸部へ入ってきて、いつかは海辺の町に戻ることもあるだろう。人間の持つ時間では、計り知れない地球の呼吸みたいなものである。この事実は、化石燃料の消費による温暖化と言い立てて、利益を得る人たちのプロパガンダなので、マスコミも共犯者なのだから、これこそが不都合な真実である。

浦和、川口もそうだが、昔から地名は人生劇場の舞台裏を飾る大道具で、先人の残した暗号であると思い、これを解読すれば重要な生活の知恵になると信じている。先の東日本大震災でも、仙台市荒浜などは、ほとんどの住宅が水没し、流されたが、荒浜の地名から言っても、住むところではなかったと思われる。東北北部のリアス式海岸も古代からの津波によって、削られてできたもので、大津波海岸とでも呼んだ方が正しいのではないか、現に削られた谷を、溺れ谷と呼んでいる。また、三陸の町が大津波で水没したので、町ぐるみ高台に移転することを決めて、高台を整地してみるとそこから古代人の遺跡が出てきたが、してみると古代人は我々より知恵があり、海岸の低地には住まなかったのだ。彼らが残した地名を調べて町を作れば、その判断基準に今と歴然たる差ができ、安心安全な町作りができたと思うが残念である。

私事だが、三〇年以上前に子供たちが高田馬場駅近くの八階建てのマンションに住んでいたが、ある日、神田川が氾濫して渡し船が出たと、電話で聞いて信じられなかった。なにしろ高層ビルが乱立する街中なのだから、そのビルの谷間に船が出るとは夢にも思わなかった。結局マンションの一階から地下駐車場まで水浸しになり、外を歩くこともできない状態になったが、この辺りは新目白通りの新宿区下落合という所で、神田川の上流に向かって右側に学習院がある高台、左側は高田馬場と戸山の高台に狭まれた、水の落ち合う下落合であることが解った。五〇〇年前なら下落合の名に気付かずに、ここに居を定めていたら命の危険に曝されただろう。今では東京都も洪水に備えて環状七号線地下調整池を作ったので、水浸しの心配はなくなった。

さて、今までの例のように地名も、大和言葉で理解できるものは、注意深くさえあれば上手《うま》く処理できるが、漢字の当て字で意味不明のものがあるのは困りものである。秩父もその例に漏れず、大和言葉では意味が通らないからアイヌ語であろう。以前、アイヌ語で「我らの狩場」と言う意味だと教えてもらったことがある。アイヌの本場の北海道に秩父別《ちっぷべつ》と呼ばれた所があるが、これは「通路のある川」という意味だそうだ。

全国各地に地名の意味が読み取れない地区が散在しているが、これらはアイヌ語から来たと理解している。アイヌ民族であれ、大和民族であれ、ともかく先人たちの生活の舞台裏を、地名として残してくれていたのだと、今では解読しながら感謝とともに暮らしている。

それでは現在の政治と経済の舞台裏はどうなっているのか。この問題は今年（二〇一三年）の埼玉県医師会誌の四月号と六月号に分けて「二つの無知」と「続　思惑の無知」として発表しているので簡単に述べると、政治の舞台裏は民主制度を装った官僚国家になっているとことはご存知の通りだが、一例を挙げると国民へのアンケートでいつも願望一位になる医療の充実は、歴代政府によって無視されて、ＧＤＰ世界第三位の経済力がありながら医療費は、ＯＥＣＤ加盟国三四か国のうち二四位だから、ずいぶんと国力から見て少ない医療費であることが解る。

この医療費を年金や生活保護費の福祉費全体の中に合算して隠し、全体の数字は大きく見せて共犯のマスコミを使い、今も医療費削減を声高に主張している。国民の望む第一位の声を無視し、国力に比較して恥ずかしいほどの低医療費予算でいられるのは、明らかに民主主義ではない証拠なのだ。これを直すには、今様に言えば次の三本の矢を実行することである。

1、議員立法にする（今は官僚が法律を作り、議員は通過儀礼）。

2、予算編成を国会の下で作る（今は財務省が作り、国民の願望無視）。

3、高級官僚の人事を政治家が行なう（今は名目だけで、人事権はない）。

以上が必須項目だろう。

経済の舞台裏も異様な状態で、大企業は資本主義でもない、社会主義でもないものを作り上げている。中小企業には資本家はいるが、大企業には資本家は存在しないので管理労働者の占有により支配され、株式制度は無力化している。

日本における労働問題は資本家対労働者ではなく、管理労働者（経営者）と一般労働者との対立になっていて、大企業の利益分配も管理労働者をチェックし、圧力をかける資本家、大株主もいないので内部留保は二六〇兆円にもなり、株主や一般労働者の配分は諸外国に比べても、より少ないものになっている。

資本主義国では内部留保が多いと、資金を有効活用していないと経営者はクビにもなるが、資本主義ではない我が国では社内資金が豊富と得意な、世界から見れば特異な状態である。またグローバル化した現在、西武球団や西武秩父線が話題になった、あのアメリカの投資ファンドのサーベラス問題も、日本の大企業が資本主義でないために起きたことで、これからＴＰＰが始まると、ますますこのような問題が多発することになる。

ただ日本独自の経済制度がすべて悪いわけではなく、敗戦後、完全雇用を目指して年功序列、終身雇用を実行し、安定した社会の実現に努力してきたが、ここにきて優れた労働慣行に綻びが出て動揺しているのだ。

最近、資本主義でもないのに、にわかに欧米諸国の資本主義を真似て、日本の管理労働者（経営者）が労働効率を重視し、派遣社員、契約社員、また早期退職をやり出して、今までの生活共同体、運命共同体を変質させている。それにまた多国籍企業になった大企業は各国で活躍しているが、初めはその発展を誇りに思っていたが、よく考えてみると、例えば中国に投資し中国人を雇い成功しても、それは中国の成功であり、一企業の成功に過ぎないと分かった。たとえ海外から安いものが輸入できても、国内製造業の空洞化で失業者が増えて購買力が低下し、国富の海外移転である貿易赤字にもなり、まるで「貧乏の輸入」の状態になっている。

これは多国籍企業の論理と、日本経済の発展の論理が矛盾しているからなのである。これからますます資本主義でもないものが塾考しないで、資本主義として行動すれば痛い目に遭い、壊滅的な打撃を受けるだろう。

「魚は頭から腐る」と言うが、知の探究者であるはずの有識者、学術経験者が政治家や官僚からの補助金、研究費、役職、勲章などの利益や名誉により、口を塞がれて、行動も不自然、不自由になり真実を語れないでいる。せめて戦後に起きた「経済革命」の脱資本主義、競争する社会主義の状態を、今まで見て見ぬ振りをしていた経済学者も、ＴＰＰが始まる今こそ、日本経済制度の欠点と長所を語る義務がある。何事にも理由があり、民主主義でないのは政治家の努力が足りないから、官僚政治になり、敗戦の荒野では資本がないから、現在の制度になったとも考えられるから、そこから話し始めなくてはならないだろう。

現在の「思惑の無知」が充満している舞台裏では、知恵を絞っても乾いたタオルを絞るのと同じで、何も出ないのは明らかである。医師不足、特に産科医の問題も実例で話すと、近くの町立病院でお産中なのに、時間がきたから、これで帰りますと、助産師が帰ってしまって、あとに残されたのは慣れない看護師と医師だけになってしまった。医師は仮眠もできず、翌朝からの外来診療のことを考えると、寝る間もなく働くのでは体力消耗もあり、重い責任を考えると辞める覚悟ができたと、これは送別会で直接聞いた話である。

確かに周りの助産師、看護師、事務員が八時間労働の交代で動いているのに、自分だけが交代要員もなく時間外労働で取り残されては、やりきれない思いであったろう。

思惑で言えば、医師の給料を増やし、助産師などを増やせば医師は辞めないだろうと思いがちだが、三重県の尾鷲市立病院のように、年収五二五〇万円で助産師一〇名つけても一年しかもたなかったが、年二日だけの休みで、疲労困憊《こんぱい》してしまったのである。

巷間では、原因は市会議員が議会で金額が多すぎると言ったからとか、病院内の同僚の妬《ねた》みとか、いろいろ言われているが結局は体力消耗に尽きるようだ。この二例で明らかなように給料でもなく、介助職員数でもなく、ただただ過重労働で分娩待ちの拘束時間は長く、外来もあり、自分の時間がどこにもないのである。

医師不足を医学部の定員を増やすことや奨学金を出すことで、解消したいと試みられているが、医師の中でも平均寿命の短い、特に早死の産科医になるとは到底《とうてい》思えず、失敗に終わるだろう。医師不足の方程式の解は、待ち時間を含めた「時間」にあることに早く気付いて、原則八時間労働を厳守しなければならないのだ。

五〇年以上前に、私も静岡県の市立病院に大学から一年間派遣されて、働いたことがあるが、夜はお産、続いて朝から外来診療を務めて激務をこなしてきた。そのたびに事務長が監督署に働き過ぎの始末書を提出していたが、半世紀以上前からこの違法行為を繰り返しているとは、到底法治国家とは思えない。この根の深い問題は小手先の思惑ではなく、制度そのものに手を付けなければ解決しないから、厳格な法律により、今より厳しい八時間労働を守らせる制度改革から始めれば、産科医も小児科医も外科医も必ず増えてくると思う。

アメリカには夜間専門の医師もいて、ひと月に夜勤を一週間と昼間を三日もやればよいと言うが、日本にも「ひと月を、一〇日で暮らす、いい男」が必ずいる。研究者、趣味の人は選択の自由を広げてやれば応募するのに、思惑の無知により、選択を狭め、お互いがわざわざ暮らし辛い社会を作っているのだ。

休日診療所や日曜当番なども、官僚の愚かな規制によって発生したもので、休日点数を日常的に休日に診療する医師にも付けてやれば、意欲的な医師は必ず休日診療を常時行なうから、休日診療所も日曜当番も必要なく、一般の医師も選択の自由を満喫できるだろう。

何事も働く人間が、働き易いようにしてやるのが基本だが、舞台裏の一部政治家や官僚の愚かな思惑規制により舞台は暗く、見苦しいものになり、役者も思うように働けないから、立派な舞台は作れない。

我々庶民は日常生活に追われて、この時代の、この舞台で何を演じながら、どのように過ごしているのかを、五里霧中の中にいて知らない人が多い。これをよいことに舞台裏では間違ったことを、正しいことだと思い込んだ人たちが事実を捻じ曲げているから、強く意識しなければ現実を到底《とうてい》理解できない。

これが日本社会の舞台裏だが、もしもこれから僅か三〇万人の人間が、舞台裏に強く関心を持ち、真実を追求すれば日本の社会は、大いに変わると言われている。
さて、どうするか。

二つの無知（二〇一三年）

世間のことは、何事も自分の思ったようにならない。自分自身のことも思い通りにならないのだから、当然と言えば当然だが、それにしても腑に落ちないことが多い。これは多分、物事を細部にわたり考え過ぎるから事象が錯綜して、考えが混乱するのだと思うが、それならば物事を単純化して考えることにすれば、やはり自分自身の根底には無知が存在していて、物事を曖昧にしていると解る。もしかしたら世間の人々も、私と同じように無知の奔流に流されて、喜怒哀楽に溺れている人もいるのかと、そこで無知の解明が最重要課題になる。

無知と言えば、物事を知らない無知を指すことが多いが、実はその無知が問題ではなく、別の無知が問題なのである。知らない無知は教えれば解決するが、ここで問題にする無知は知がないのではなく、知に反した他の知が存在していて、その知は「思い込み」「思惑」と言う現実とは別の知、各種の欲望に基づくいろいろな願望の現実化を、夢想したものが混入しているから、正しくは知とは言えないものである。言葉の混乱を避ければ「知らない無知」と「思惑の無知」とに分ければ理解しやすい。普遍原理や科学知識には、智恵と呼ばれる知識が存在するが、欲望からの思惑には智恵もなく、現実を踏まえた正しい知識とは言えないもので、「無智」とも呼べるものである。

有識者とか学術経験者とかの人たちは、無知な人たちと呼ばれないが、それでも一部には思惑の無知、欲望の罠に嵌《はま》った「無知な者」と呼べる人たちもいるのである。何しろ我々の知らない専門知識を持っているから、生活やその人生を通しても、立派な知識を持ち合わせていると思うのだが、実際には無知の人たちと同様な思惑の無知に嵌《は》まり、彼らと同じこと、その場しのぎの発言や間違った行動をしている。

これを見ると、常日頃、知識人を尊敬している我々庶民は、いつも裏切られた思いがする。彼らとて政治家や官僚から研究費や補助金を貰っている手前、真実を述べ難いこともあるだろうが、悪いのは積極的に一部の政治家や官僚の意に沿った発言をして、現実を見えなくしてしまう有識者たち、昔から詭弁家（ソフィスト）と呼べれる連中である。賛成でも反対でも、頼まれれば、どちらの論調でも引き受けて白を黒と言いくるめるのだから、その信条には正しいことへの尊敬はない。

智恵とは正しいことを行なうための知識だから、世間には普遍的な正しさなどなく、自分の思惑通りに社会を動かしていくのが正しいとする、無知な一部の評論家、学識経験者が真実を曲げて、庶民から現実を見えなくした挙句に、腑に落ちないことを出現させているのだ。

それではどのようなことが起きたのか、具体的に見てみよう。今は「失われた二〇年」と言われているが、これは政治家や官僚が招いた思惑の無知による失敗の見本で、以前の池田首相が経済学者の下村治の学説を取り上げて、所得倍増を計り高度成長を果たして、豊かな日本を作り上げたが、その同じ下村治が一九七〇年代に入り、日本の高度成長の要因は失われつつありこれからは持続可能な発展を計るべきだと、ゼロ成長論を説いたが、今度は自分たちの思惑、自分たちの損得の力学に固執して、この論理に耳を傾けて政策に生かそうとする政治家も官僚もいなかったのである。そのために日本経済が欧米先進国にすでに十分キャッチアップしていたにもかかわらず、またの高度成長をと、政府も日銀も経済環境を正しい知識ではなく、思惑の無知により過大評価してバブルとなり、失われた二〇年になったのである。

今はグローバル化して我が国の大企業も苦戦を強いられているが、これも正しい知識、知恵のある人の学説を思惑によって打ち消した当然の結果なのである。三〇年以上も前に武蔵大学の西山忠範教授が、日本の大企業は資本主義でも社会主義でもないものを作り上げたと、その欠陥を指摘し、将来を危惧されている。

その論説を簡単に紹介すると、現代日本の大企業には資本家は存在せず、経営者と呼ばれる管理労働者により支配された生活、利益、運命の共同体になっている。そして中小企業には、まだ資本家は見られるが、大企業は官僚的な管理労働者が支配するため、経営者の管理労働者自身をチェックする者は存在しなくなり、したがって企業の私物化、公害の進行、インフレーションの恒常化が起きやすいと指摘されている。過去三〇年の間にこれらの問題点が、ことごとく出現したことは、西山理論の正しいことを十分に証明している。

なお、この管理主義社会は組織の維持管理が目的になり、利潤追求は目的でなく手段になってしまったのであるから、対外的にグローバルな世界展開になった今は、手段を目的化した官僚的な大企業は勝てるはずもなく、これからも改善に努力しない限り負け続けるだろう。

また国内的には管理労働者以外の支配者はいないので、株主総会制度は崩壊し、その形骸化した株主総会が選任する監査役制度、管理労働者の経営者自身が選任する公認会計士制度も崩壊している。したがって日本の証券市場は、主として投機市場（カジノ化）になり、諸外国に見られるような投資市場、すなわち企業資金調達の市場としての機能、庶民の資産形成の市場としての機能をも十分に果たしていない。それに加えて大企業は労働者に占有された利益共同体「労働貴族」になった証拠に、ある時期には、配当金より交際費のほうが大きいという驚くべき事実まであった。

資本主義も一つの病気なら、社会主義も一つの病気だから日本型経営者の支配構造は、ある意味では先進国の中でも最も進んだ段階（西山）であり、資本主義を脱却しているとも言えるのだから、欠点を克服するための方策を講ずれば良いと、わざわざ新しい企業制度まで提示されたが、思惑の無知に嵌った政治家、官僚はついに、この知者の論説を政策に生かすこともなく現在の低迷を余儀なくされている。

いつの時代も知者はいるのである。ただ探し出す智恵が、思惑の無知のために失われたのだ。池田首相も下村治も傍流の人であったと言われているが、これは決して偶然ではないだろう。思惑に嵌った人が主流に座り、正しい人を排除している構図がよく見られる。歴史を紐解けば分かるが、次の時代を切り開く人たちとは時流に逆らっても、学問的良心に生きる人たちだから、いつも真実を述べるために思惑から出た損得の力学に嵌った人たちに反対されて、傍流に押し込められ主流にはいない。

主流にいるのは思惑に生きた過去の人である。それでも一昔前までは将来不安のために、それなりの人物を「あいつは、見所がある」と引き上げて、育てたものだが、今では自分の地位が危うくなるとの思惑の無知で抑圧、排除している。国家、大企業、その他の組織でも正しい知者を傍流、底辺からでも探し出して、その指導に従った時に輝くものであり、思惑の指導者に従えば当然、現実と合わないから衰退する。

次はアンケートで、いつも国民が充実を望む第一位の医療について見てみよう。

我が国の医療費支出は対GDP比で見ると、OECDの三四か国の中で二四位であるから、政府は国力の世界第三位から見て二四位とは、ずいぶん少ない費用しか出していないことが分かる。官僚の作文通りに政治家、マスコミが医療費削減を言い立てるが、削減どころか増やすのが常識であって、なぜ国民の願望一位の事柄を無視できるのだろうか。医療費は当事者の医師が決められない。半ば素人の決めた診療報酬という公共料金になっているから、政府の方針の失敗だけで、医療は荒廃に向かう。

例えば子供たちをも守るワクチン行政は、欧米諸国から遅れを取っているし、専門の救急医の養成も遅れていて地方では、二四時間の救急科もなく、入院患者のために存在する当直医が診療するので、過重労働になっていて医師の義務感や誠実をこれ以上に期待するのは無理になってきている。医師を取り巻く看護師、事務職員は八時間労働なのに、医師はそれ以上の労働なので労働基準法違反が常態であり、法治国家とは思えないほどである。低医療費と過酷な労働時間のために産科医、小児科医、外科医の減少が続いているが、大都会を除く地方ではお産のために五〇キロメートルも通う状態が出現していることは、よく知られている。

また監察医制度も遅れていて自然死、事故死、自殺で処理したものが、後で犯人の自白により殺人であると判ったものが多数にのぼるが、これも監察医（法医学者、病理学者）を養成し、場所も資金も提供して司法を助けなければ、みすみす犯人を取り逃がしていることになる。監察医に捜査権、逮捕権まで持たせている国があるほど、これは重要なことだ。

庶民は大企業の管理労働者が利益を「内部留保」にしてしまい、株主や一般労働者には利益配分を少なくしているが、その思惑と同じように歴代政府の政治家や官僚も、自分たちの利益になる事業に資金を流用するためか、国力から見て少なすぎる医療費を社会福祉費の全体に含めて年金、介護、生活保護、その他の増大を囃《はや》すことで、国民から過少医療費が見えないようにして、医療関係の充実に手を抜いていることを知っている。

庶民が希望を託して政治家を国会に送り出しても、官僚の思惑の無知により、第一位の願望すら実現しない官僚国家が現実だから、政治家が官僚の操り人形になり官僚の振り付け通りに動いて、あたかも政治家自身が決断しているように見せかけて、しかも官僚はその責任を取らないことも、よく知っている。

我が国は民主主義の形を真似た官僚国家だから、政治に失望した大衆が官僚と対峙する時が来るかもしれないが、これは不幸なことだ。また歴史が示すように民主制度の後は独裁政治が出現する危険があり、何も実行できない政治より即決で実行する独裁政治を歓迎するようになるのだ。これは何としても防がなくてはならない。

現代の大企業に対して西山教授が新しい企業制度を提案したように、権力を持ち過ぎた官僚組織を主権者としての国民が、どのようにチェックするかの制度を模索し、提案しなくてはと思う。本来なら政治家が官僚を指導監督する立場だが、そのためには予算編成を財務省ではなく、国会の下で行ない、各種の法律を議員が作るような構造に変更し、真の民主主義と呼べるものを作らなければならない。

また官僚の中には日の丸官僚と言われる人、国益を計り、国民の願望実現に努力する優秀な人もいるのだから、その能力を活用する構造改革も考えなくてはと思うのだが、それにしても政治学者はこれらの疑問に答える義務があるだろう。

日本を外から見れば、思ったほど立派な国ではなく、国際機関から人身売買の国に指定されているし、白昼から主婦がパチンコ賭博場に出入りしているが、世界を見れば麻薬、売春、賭博などに上手に対応している国もある。

例えばオランダは実に巧みに、これらの人間悪に対処し、道義的だけでなく現実を見つめた行動を取っている。日本の思惑政治家、思惑官僚に国内の知者を探し出す智恵がないのなら、昔の明治政府が取り入れて成果を上げた「お雇い外国人制度」を復活するのもよいだろう。おとなしい人たちと愚かな指導者の構図が、いつまでも我が国の自画像だろうか。民主主義でもない資本主義でもないことに、国民が失望して英雄や独裁者を望む前に世界から、国内から知者を探し出し、その智恵を借りて思惑の無知と戦い、急いで変革する時期が来ている。疑似英雄のスポーツ選手に眼がいっている、今のうちに。

続「思惑の無知」（二〇一三年）

前回は二つの無知を取り上げて、知らない無知は自ら知れば解決するが、思惑の無知は自ら無知と自覚できない無知なので、数々の困難を国や社会に与えたことを説明した。今回はもっと身近な例、「株は儲《もう》かるか」の命題で、生活の中にある思惑の無知を見てみよう。

日本経済は資本主義ではなく、大企業は管理労働者という経営者の占有により運営されているが、そのために株主制度は崩壊していることを前回に述べた。それでは証券業界はどうなったかと言えば、日本の大企業は欧米のように株式や社債によって資金調達しているのではなく、銀行からの負債、借入金によって大部分の資金を得ているために、資本主義としての株式制度が崩壊したのだから証券業界も困難な立場に立たされたのである。

大企業の管理労働者は株主によるチェックをなくし、労働貴族の立場で会社交際費は多く、配当は少なくしている状態なので、欧米のように大衆が証券市場で投資して、配当として利益を得て資産形成することができなくなり、日本では投資より投機が有利と、いきおい証券市場はカジノ化したのである。

それで今では証券市場はキャピタルゲイン（値上がり益）を中心とする思惑で動き、堅実な生活を保障するインカムゲイン（利息、配当）を勧めることが少なくなったのは当然の成り行きと言える。キャピタルゲインを狙う以上、これは賭博と同じゼロサムゲーム（誰かの利益は誰かの損失）だから、長期的にはよくてもゼロに収斂し、資産形成にはならないものだ。

単純に考えても、証券会社の社員が毎月の給料で我慢しているのも、株は儲からないで、もし株の売買で儲かるなら専門知識も豊富なのだから、退職して売買を始めるはずである。

競輪、競馬の予想屋も、自分の予想が当たるなら、誰にも教えずに券を買うだろう。予想を売るのは当たらないからで、券を買うより予想を売った方が生活になるからである。ご存知の投資マンションの電話がうるさいが、そんなに有利なら販売会社自身が黙って投資するはずなのに、電話して売るからには投資すればこちらが不利になることと、皆知っている。

世間にはいろいろな情報が錯綜して飛び交っているが、その情報を正しく知識化して智恵にまで昇華するには、大変な作業が必要だが、株は儲かるかの命題は、どうやら日本では構造的に儲からないと結論が出た。

また負債、借入、借金のある人たちはインフレを好むが、これはインフレになれば価値が目減りしたお金で返すことができるので、楽な立場になるからだが、大企業は前述したように証券市場から株、社債として資金調達しないで銀行から借入として資金を得ているから、恒常的にインフレを望み、政府も国債として国民から大借金をしているので、常にインフレの誘惑に曝されている。インフレになると庶民は、決まったお金で生活しているので物価上昇に追いつけずに生活は苦しくなり、もちろん資産形成はできない。

政治家も大企業の経営者もインフレ志向なのだから油断できないのは、過去を振り返ればすぐに分かることで、日本がGDPの割に国民生活が貧しいのは、営々として蓄積した貯金が目減りしてしまった過去のインフレのためとも思われる。

アンケート調査をすると、国民の大多数は、自分は中産階級と言うが、欧米諸国の中産階級の様子を教えてからアンケート調査をすれば、違った結果になると思われる。それは中産階級とは失業して、仕事がなくても資産で生活できる人たちのことだから、日本にはこの状態の中産階級は少なく、自分の周囲を見渡してもほとんど見当たらない。仕事がなければ早晩困る人たちばかりなのである。

我が国に階級がないのは幸いだが、真実を知らないで貧しさで等しいのでは困る。資産形成をして本来の意味の中産階級を目指し、豊かさで等しいのでなくては困るのだ。歴史を見れば分かるが豊かな中産階級の存在は、国家の品格に関わる問題であり、昔から「恒産なければ恒心なし」と言われている。

欧米の家庭では銀行預金として貯蓄する人は少なく、ほとんどが株や債券で運用されているが、これは利子も配当もよく資産形成に適しているからだが、日本では反対に銀行預金がほとんどで堅実な家庭は、証券市場に近づかないのは偽装された資本主義だから、株式制度が崩壊しカジノ化して資産形成にならないからで、前述した通りなのだ。これでは欧米の人たちのように大企業を好意的に親しい存在と見ることができずに、懐疑的な遠い存在として大企業と対峙することにもなり、危険なことである。

現代日本の特権労働者が占有する大企業は、銀行に預金された大衆の資金を借金して、資本として運用し、証券市場からは資金を仰がない構造になっているから、大企業は大衆から資金と利益の両方を収奪する機構になっているとも言われている。

資本主義社会では資本家が収奪するのは、利益だけだから今の日本社会の方が、徹底した収奪機構とも言われている。今では経営者を制約する者は誰もいなくなり、特権化現象が起きていてその権限の乱用が、時どき新聞紙上を賑やかすこともあるが、それでも経営者が恐れているのは監督官庁なのか、この春も政府から景気浮揚のために一般労働者の収入を増やすように指示されて、恣意的に積み上げ抱え込んだ内部留保から支給されたようである。

戦後、数十年かけて静かに進行し、遂に完成された「経済革命」――脱資本主義、モノクラスの社会、競争する社会主義――を経済学者たちは見て見ぬ振りしてきたのだから、ここにきてTPPその他の新しい開国をすることになった現在、今こそ日本の現状を公開し、「経済改革」の長所と欠点を明らかにして改善策を示し、数々の疑問に答える義務があるだろう。

最近は大企業もグローバル化して海外で活躍中だが、日本人として世界の中での大活躍を誇らしく思っていたが、これもどうやら、とんでもない思惑の無知であることが判ってきた。今は大企業も多国籍企業として各国で活躍しているが、これは日本経済にとってプラスと思い込んでいたが、思惑を捨ててよく考えてみると、例えば中国へ行って起業した会社は現地に設備投資し、現地の人たちを雇い、成功しても中国の成功であり、その会社だけの成功であることが解ってきたのだ。中国から安価な製品を日本に輸入し、一時は安い製品が手に入り生活も楽になったと喜んだが、国内の同じ製品を作る会社は安さに負けて壊滅し、失業者が増えたのである。いわゆる製造業の空洞化の問題だが、今では日本経済の景気を浮揚しても、国内の製造業がなければ輸入が増えるだけになり、中国の製造業と中国の景気が良くなるだけである。

結論すれば、日本に設備投資もしないで人も雇わずに、賃金が安いからと言って外国で人を雇い、多くの製品を作り、我が国にその製品を自由に過剰に輸入すると、日本国内に失業を増やし、消費も低迷して「貧乏の輸入」をしているのと同じことになる。これは多国籍企業の論理と日本経済を豊かにする論理とが矛盾しているからで、自由貿易を金科玉条にしている大企業により、国内は空洞化するのだから保護貿易も必要になる。

欧米諸国も建前と本音があってダブルスタンダードになっているから、国内の保護すべきものは、しっかりと保護しないと国内窮乏化政策になるだろう。アメリカからも最近では「製造業ルネッサンス」の声も聞こえてくるから、多国籍企業の持つ矛盾に気が付いて国内への製造業の回帰を考えているのかもしれない。

日本国内のアベノミクスで話題騒然としているが、円安とその結果の輸出増加でデフレは脱却できると思う。円高が輸出減少、輸入増加、消費減少を招いたのだから、異常円高が修正されれば成長路線に戻ると思われるからだ。ただし今の日本に拡大均衡を許す条件はないのだから高度成長できるわけもなく、低成長ではあるが持続可能な経済を目指すことになるだろう。

現在の政府は国債の利子を払うために新しい赤字国債を発行するというネズミ講状態なので、破局に向かっていることは確かだろう。このネズミ講を止める確実な唯一の特効薬は大幅な歳出削減と増税で、国民も近いうちに痛みを伴う生活を覚悟しなくてはならない。もちろん政治家や官僚の頭の中は、できたらインフレで借金を軽くし、高度成長で財政赤字を解消したいと考えていると思うが、高度成長についてはアメリカから「シェール革命」の声が聞こえてきているから、希望的観測だが数年後には日本も、その波に乗って高度成長するかもしれない。

人は思惑の無知のために思い通りにしても、希望通りでないことを発見する。それをシステム論では「意図しない結果の法則」と言うが、それではここで思惑が渦巻く世相を列挙し、結果の法則を観察してみる。

一、教師は生徒を恐れてへつらい、生徒は教師をないがしろにする。
二、老人は若者を模倣し、若者たちの線まで身を落とし、快活さを装う。

三、男と女の関係も過剰な自由、平等が生じ、放縦になる。
四、父は息子を恐れ、息子は両親を恥じる気持ちも、恐れも抱かぬ。
五、恐れ心を愚かしいと名づけ、節制を男らしくないと呼ぶ。
六、程をわきまえていること、秩序ある出費は野暮なことと言う。
七、傲慢を育ちの良さ、無政府状態を自由と呼ぶ。
八、浪費を思惑で大らかさ、破廉恥を思惑で男らしさと言う。

以上は驚いたことに、二五〇〇年前の哲学者プラトンが書いた『国家』の中の民主国家の世相の一部で、独裁化の前の様子であるが、なんと現代日本の状態に似ていることか、『国家』を読み理解する前は、現在見られる世間の状態はよほど異常なことと思っていたが、今では腑に落ちない奇妙なことも、ただの歴史過程のひとコマに過ぎないことであり、二五〇〇年前から同じことを繰り返していたと理解している。

プラトンは著書の中で民主主義が一番美しいが、それでも自由放縦になれば反対の方向に大きく振れて、独裁国家になると教えている。思惑で美しいものが、醜いものになるのだ。今こそ古代からの警告を受け止める時と思うが、さて、できるか。

冒険者へのメッセージ（二〇〇四年）

私を含めて、世間の人は、何かの思いにとらわれて、まるで追われるように暮らしている。庭先の雀さえも、いや、雀につく羽虫さえも、自然からその暮らしを与えられているのだから、人間も、これほど急がなくても、頑張らなくても、としみじみ思うことがある。この人間を駆り立てる何かの思いは心の底から湧いて来るのだから、心の研究がぜひとも必要なのだが、人は、この世に生を受けて七十年も八十年も過ごすのに、心のカラクリ、心の「病《やまい》」を考えないため、色々な困難に遭遇して、初めて慌《あわ》てることになるのである。

ここで、心の「病」として指摘するのは、医学の病気と違って、社会生活を十分に行える普通の人間の心の問題であり、大衆といわれる人たちの心の「病」なのである。歴史を見れば明らかなように、戦争や災害、家庭の不幸を招く大多数の人間は、正常な普通の人間であって、病気の人は、自分自身の生活さえも困難なことを思えば、やはり最も危ないのは普通の人であり、自分自身を含めた、知人、隣人の心の有り様なのだと言わなければならないだろう。
「365日の哲学」の本文の中で、人間は生まれながらに壊れていると、色々の角度から書き表したように、人間は心を修復しなければ幸福に暮らせない動物なのだから、人生は、壊れている自分を、善なるものに修復しながら生きて行く冒険の旅なのである。そして自分も他者も壊れているために、生存を賭けて虚構を被《かぶ》せた、この現実の世界を作り出したのだから、その虚構と現実の狭間《はざま》で普遍価値(幸福)を追求し、それを物語り伝えることが人間の運命なのである。

それでは、虚構を被せた現実の世界で普遍価値を追求するとは何か、江戸時代の近松門左衛門(一六五三～一七二五)は、演劇論の「虚実皮膜説」の中で、人間が求める芸について、「芸といふものは実と虚との皮膜の間にあるもの也」と述べているが、また、「虚にして虚にあらず、実にして実にあらず、この間に慰《なぐさめ》がある」とも語っている。

彼は現実の世界を写実しつつも、それに虚構(普遍価値としての愛や勇気の物語)を加えて、舞台を現実らしく見せることにより、幸福を願う人々を感動させるという演劇論の立場だが、哲学的に実社会の現実を観察すると、その現実と思われているものの中に、もう虚構が潜んでいて、その虚構を隠したり際立《きわだ》たせたりするために、また新たな虚構を作り出しているのだから、彼の写実した現実社会が、すでに虚構の風景になっているわけである。

したがって、この虚構の風景の中にある実社会の幸福も、人が舞台に求める芸や慰《なぐさめ》と同じく、実と虚の皮膜の間に普遍価値が振り付けられたときに初めて存在するのだから、現実と虚構の内に垣間見える真・善・美の風景が、我々の求める真実在なのである。

それでは、これと反対に厭《いと》うべき人間社会とは何かといえば、それは普遍価値を追求しない虚構社会である。例えば、我が国は単一民族で同じ言語を使用しているから国家と言っても違和感はないが、地球上には多民族、多言語の国家が多く存在するのだから、国家というのは一つの概念、そこに住む人たちの合意した一つの虚構であることがわかる。

そして、この作られた虚構の国家が、国民の生命、財産、自由を守るという普遍価値を約束しながら、外国に拉致《らち》された被害者を長期間にわたり放置したりすれば、国家が、普遍価値を持たない文字通りの虚構の存在になったことを意味し、儀式化、様式化した「劇場国家」と言われる幻想在になったとも考えられるのである。

このように国家でも家庭でも、虚構の中に普遍価値が無くなると無意味な存在になるのだから、この虚構を被せた現実世界にあって、どこまでも虚構の中に普遍価値を追求し、その実行を目的にしなければ、生き生きとした幸福な人生は、とうてい得られないのである。

壊れた人間が作る、我々の壊れた社会は、これからも普遍価値のない虚構を作り続けるから、絶えず真・善・美と共に自己を修復し、善く生きるための冒険の旅を続けなくてはならない。人間が神の玩具とすれば、それは普遍の糸に結ばれた操り人形だから、他に行く道はないのである。そして、この道には到達点も終着地もない。善く生きるための冒険の旅をすること、それが目的なのだから。

哲学の時代背景（二〇〇四年）

私は昭和八年（一九三三年）生まれなので、日本が国際連盟を脱退し、ドイツではヒトラー内閣が成立した年に生まれたことになる。また、生まれる二年前に満洲事変が勃発《ぼっぱつ》し、生まれて三年後にクーデターの二・二六事件が起きた風雲急を告げる時代なのだが、もちろん、その頃の記憶はない。むしろ鮮明に覚えているのは牧歌的風景であり、着物や下駄を履《は》いた人々が行き交う懐かしい街角の様子である。明治維新から六十五年経っていたが、まだ江戸文化が残っていて、私の家の路地一つ隔てた西側の裏長屋に、桶屋職人の忠さんなどが住んでいて、その風情は後年、小説や映画で見ることになる江戸時代そのものであった。

長命の勝海舟が亡くなって三十四年経つのだから、ほとんどの武士たちはいなくなっても、その気風はまだ残っていて、私の曾祖母ハナは慶應二年の薩長同盟の成立した年に生まれた人だが、子供の頃に丁髷《ちょんまげ》を切るのがいやで逃げ惑う人たちを見たと、後年、八十歳を過ぎた頃に話していたから、江戸時代はそれほど遠い存在ではなかったのである。そして、社会の基底を形作る文化に、未だ新しい哲学、あるいは思想といえるほどのものは成立していないから、文明開化するのだと日本の近代化を急いではみても、第二次世界大戦の敗戦までは、表層はともかく内面的には、薄められた江戸文化（神仏儒の三教合一）であったと考えられるのである。

ところで、文明開化といえば、先の曾祖母ハナが言うには、家の近くを鉄道が通る話があったので誘致運動をしたら、何処《どこ》からともなく家の中に石が飛んでくるようになり怖い思いをしたが、ほんとうに人の心は恐ろしいと話していたのである。結局、鉄道は遠い川向こうの対岸の土地に敷設《ふせつ》されて、この付近の発展も遅れたが、子供心にも、人は目先の考えだけで何でもするのだと強く印象に残ったのである。

昭和十五年に尋常《じんじょう》小学校に入学したが、翌年には国民学校と呼称が変わり国家総動員法のもとで、いよいよ戦時色を強めていった。体育なども軍事教練を加味したものになり、強い兵隊になるようにと、行軍と称して雪の中を素足《すあし》で歩かされたり、スリッパで殴られたり、中には狂暴な教師もいて、何かで気に障《さわ》ると、小さな生徒を足払いで床に叩きつけたりもした。そして、放課後にチャンバラゴッコ（侍の真似）をして遊んでいた子供たちも、いつしか兵隊ゴッコをするようになったのである。

敗戦が近づく頃になると、小学校にも配属将校がいて、進路指導で校長室に呼ばれて行ってみると、まるで監視するように配属将校が立ち会っていて、その前で希望を述べさせられたものである。私は少年航空兵になることを希望していたので、そのように答えると、校長の関田先生は、「お前の家は医者なのだから、医者になってもいいのだよ」と言われた。

その時はそう言われても少年航空兵になる意志は固かったが、後になってよく考えてみると、この関田先生の発言は、時代の圧力にも屈しない、ずいぶん勇気のある発言であったと感謝し、尊敬するようにもなった。

戦争しながら、戦争、戦争と言い立てる人間は、平和に暮らしながら、平和、平和と言いつのる人間と同じく、いかがわしい人間なのだと教えてもらったのであり、時流に逆らっても正しいと思うことを述べなくてはならないというメッセージも、私は確かに受け取ったのである。この校長先生や縮軍演説を行った衆議院議員の斎藤隆夫に代表されるような気骨ある人々が、世間にはまだまだいて、真実を伝える努力をしていたのだ。

悲しい話もある。ある日、あまりに飛行機の爆音が近いので、二階に駆け上がって見ると、南の二百メートルくらい先の地点を戦闘機が、何回も、何回も、旋回しながら急降下を繰り返していた。しばらく見ていると、最後の急降下の上昇局面で黒煙を吐いて、上昇できずに墜落してしまったのである。後で解ったのだが、出撃前に戦闘機に乗って、故郷の家族に別れを告げに来たのだそうだが、その時は墜落しても、身体はなんとか無事で帰れたが、その後、特攻隊として出撃して、見事に死んだと伝え聞いたのである。

この飛行機の残骸が小学校前の駅の集荷場にしばらく置いてあったので、こっそりと乗り込んで空中戦の思いなどに耽《ふけ》りながら遊んだものだが、この時の経験が後の少年航空兵志願につながったのかもしれない。また、友達の親戚にいた一人の少年戦車隊兵の爽快な人柄に接して、航空兵になれなければ戦車隊に行くと心に決めていたのも、この頃である。

家族歴でみると、その頃・祖父、賢助《けんすけ》は、アメリカのサンフランシスコの近くで、内科小児科を開業していたが、戦争になるとアメリカの内陸部にある砂漠地帯の強制収容所に連れて行かれ、敵国財産管理局に、その財産を没収されていた。働き盛りの父・甲子夫《かしお》は、軍医として満洲等に十年間も出征していたので、いつも留守であり、母、勢無《せん》は留守を守りながら、インフレのなかで、代用品、配給に暮らす毎日だから、なにかと不自由をかこっていたのだろうが、親の心子知らずで、敗戦までは、私はまるでトム・ソーヤーの冒険のような、自由な毎日を送っていたのである。

敗戦の日は、今でも鮮明に覚えている。それは小学六年生の、とても暑い日で、ラジオから玉音放送が流れていたが、妨害電波とやらで、よく聞き取れず、それでも戦争に負けたということだけは理解できた。そして、この日を境に、世間が妙に静まりかえり、空気も澄み渡ったように感じた。この日の情景を正確に伝えるのはかなり難しいもので、その時代を流れる空気や匂い、そして音、これらのものは、その場にいた人間にしか解らず、もちろん歴史家が記述するのも難しく、再現性も無いものなのである。

例えば、未舗装のデコボコ道を行く馬車の音、カラコロと下駄の音、あちこちの街角にあった大木がつくる木陰、人の声の響く静かな町の様子などは、今では正確に伝えることはできないし、ましてや、その時代を支配している文化（哲学、思想）から滲《にじ》み出る雰囲気、人々の心意気などは、その場を経験しなければ、とうてい理解できないものである。そして、この敗戦の日を境に、戦前の日本人、礼儀正しく、親切で、柔和な笑顔の日本人は消えて行き、善くも悪くも戦後の日本人が出現したのである。

昭和二十年の敗戦日も過ぎて、昭和二十一年四月になると、私も旧制中学に入学し、晴れて中学生になったのだが、その授業たるや惨憺《さんたん》たるものであった。まず授業は、教科書の思想的に不適当と思われる部分を、先生の指導に従って、墨で黒々と塗り潰すことから始めて、出来上がったものは、まるで暗号文のような判じ物になったのである。

占領軍の学校に対する指導方針も定まらない間隙《かんげき》をぬって、外から講師が来て、「これからは外国語を勉強して、しかも、占領軍の前では知らない振りをしたほうがよい」とか、「軍隊を作ると、占領軍の傭兵《ようへい》になって外国のために働くことになるから、再軍備しないほうがよい」とかの実践的な教育もあったのである。

外では職もなく、食料も欠乏していて、そこへ一部の自暴自棄の復員兵や引揚者が加わったので、世間は暴力的になり騒然としていたが、やがて、この暴力的風潮は学校にも広まり、数数の騒動を起こすことになるのだが、当時の国語教師である椎名《しいな》先生の「暴力は長く続かない。筋肉は萎《な》え、その力は衰えてしまうから。知力は長く続く。頭脳は衰え難く、その力を増していくのだから」の予言通りに、世間も学校も、やがて落ち着きを取り戻していった。

それにしても、我が国の敗戦は有史以来初めてのことなので、人々に様々な混乱をもたらしたのである。今までの秩序は崩壊し、しかも新しい秩序は生まれていないのだから、人々は、いったん敗戦の虚脱状態から脱すると、恐れ戸惑いながらも、生きるための全力疾走を始め、中には手のひら返すような変わり身の早い人もいて、このあまりの変化の浅ましさは苦々しいものであったが、それでも教科書を墨で塗り潰したように、昨日まで信じていた価値観が一夜にして無価値に変じたのだから、国家の虚構性を誰にも解る形で露呈したことにもなり、変り身の早さは無理もないことでもあったのだろう。

そして、何も信じられなくなった人々は、自己の欲望だけが信じられるものと思い込んで、快楽主義に傾いていったのであるが、一方では思索者、時代の観察者としては、これほどの幸運な時代はまたとなく、一つの文化が亡びて、新しい文化が生まれるのに立ち会うことができたのである。

思えば、先の大戦は文化の衝突であった。子供心にも占領軍の姿は異文化そのものであって、大道を歩調を合わせて歩く大股の大男の兵隊の姿は目をみはるものがあり、特に軍用ジープに乗った兵隊たちの勇姿は、昨日までの敵ではあったが、見事なものに見えたのである。この時のジープによる素早い移動を見た衝撃と、後の我が国の自動車産業の発展とは、決して無縁ではないように思える。

また、朝鮮戦争の頃に、こんなこともあった。家の前の高台で一人で遊んでいると、アメリカ空軍の三機の戦闘機が、突然、目の前の台地を目指して急降下の練習を始めたのである。驚きながらも一生懸命に手を振ると、しばらくして、中の一機が気がついたのか、翼を左右に振って答えてくれたように見えた。ひとしきりの練習が終わって帰る姿を見送ると、なんと編隊の中の一機が大きく翼を振っているではないか。慌《あわ》てて手を振って見送ったのであるが、空を飛ぶ人間と気心が通じたように思えて嬉しかった。

アメリカに家族を残して、遥か極東の地に、戦うために来たのだろうが、戦いすんで無事にアメリカに帰ることができたのかどうか判らない。なにしろ、顔も見えなかった空の男との小さな出来事なのである。

アメリカ軍と直接に砲火を交えた人たちは、日本はアメリカ軍の物量作戦に負けたのだと言うが、表面的にはそう見えても、物量を支えた合理的精神、文化の基底部を流れる思想に負けたのであって、このことは、現在も誤解している人がいるのだから、この誤解を解かなければ、日本は、これからも敗戦をくり返す危険があるのである。

欧米の基底部を流れる思想は、キリスト教的なものとギリシャ的なものがあり、特に我が国ではアジア的専制の気風が残る社会制度のために、ソクラテスに代表される古代ギリシャ思想の研究が遅れていたのである。敗戦後、ギリシャ思想が生まれてから数千年の時を経て、ギリシャ源流の民主主義思想が英米占領軍により導入されたのだが、欧米諸国と違って我が国では、ギリシャ思想の本格的な政治化、社会化は表層のみで終わり、アジア的専制の気風を、未だに払拭《ふっしょく》できないでいるように思える。

現在のアテネやローマを訪れても、昔の偉大な人たちと同じような人々に会うことはない。これは征服したり、征服されたりの内に混じりあって、古代の民族とは違うものになったと説明されるが、私が実際に経験したことは、一つの文化、具体的には哲学や思想が崩壊して新しい文化が流布《るふ》すると、永続的な侵略がなくても、三十年の年月を経れば、同じ民族でありながら、全く新しい民族に見えるほどに変わるのだということである。

個性、人柄といっても、新しい文化の行動様式に支配されるのだから、もしも現在、日本を三十年間留守にした人が帰って来て目の前の人々を観察したら、とても以前の日本人と同じ民族とは思えないだろう。

我々は、今、戦前の貧しいけれど魅力的な日本人を越えて、誇るに足る社会を作り上げたのだろうか。戦前から見れば豊かになったが、心まで豊かになったのだろうか。我々を支配しているのは誰だろうか。民主的な最良者の支配（アリストクラティア）を実現したのだろうか。まだ、道は遠く、歩き続けなければならないが、それにしても、私が見た文化（哲学）によって変わっていく人々の姿は、大いなる希望である。

哲学抜粋

人間は壊れている。人生は修復の旅である。

自分も他人も壊れていることを、それぞれ自覚しなければならない。（人間は自壊者）

自他共に壊れていることが自覚できれば、人は寛容になり忍耐もする。

寛容と忍耐により、人間の壊れた部分の正しい観察と深い理解が可能になる。

自分自身を対象にした観察者として洞察力が高まれば修復は容易になる。

長期にわたる観察者としての努力により、瞬間的な直感として「本来の自己」を観ることになる。

「本来の自己」を観た人はすべての疑問が消失し、修復される。

「本来の自己」の言葉による説明は難しいが、あえて表現するなら「人間は自然のルールに生きる自然物である」と悟ることである。

「人間は自然物、それも不完全な自然物」なのだから、人間のルールがあると思うのは人間の迷妄である。

自然物として、宇宙も人間も自然のルール（普遍原理）に支配されているのであるから、「本来の自己」の行動原理も自然のルールによる。

人間は自然のルールに従った時だけ修復され、完全な者に近づく。

修復された者とは、「本来の自己」を悟り、人間のルールという迷妄と、自然のルールという真実との識別知を有する者のことである。

人間のルールに従うと倒錯知になり、迷妄の世界に赴《おもむ》く。

「本来の自己」による人生が、心の平静を招き幸福な一生を約束する。

「本来の自己」を知ることがないなら、虚実の物語（文化）に従って、自己を修復することになる。

壊れている人間は「壊れた本能」に代わる行動規範を作らなければ、その生存も危ないので、その行動規範として虚実の物語を構築し、それに基づいて人間たちを連帯させ修復しているのである。

「虚」とは真・善・美に基づく虚構のことであって、真・善・美の存在しない文字通りの虚構（幻想）のことではない。「実」とは各種の物質的条件の現実を指す。

壊れた自然物としての人間は、物質的現実の上に虚構を被せた文化（自然のルールとしての真・

善・美）を作りだし、これにより際《きわ》どくバランスをとって存在しているのである。

虚と実の平衡は、「虚」に片寄れば生活に現実感を失い、「実」に執着すれば人間を物質のように取り扱うようになり、共に虚無に向かうことになる。

虚実の平衡感覚を養い、社会に充満している真・善・美を無視した「文化のように見える幻想」を排除して、静かに暮らすのは、「本来の自己」を悟ることの近くにいる。

心の心（二〇〇二年）

これからは心の時代と言われてから幾年か過ぎたが、あいも変わらず心の混乱からと思われる世相の動揺が続いている。この辺で「心とは何か」を考え直してみるのも悪くないと思う。もちろん、心をいくら語っても行動がともなわなければ、それは空しい作業ではある。例えばフランス料理を詳細に述べても、話だけでは美味《おい》しくもなく空腹も満たせないのと同様ではあるのだが、それでも多少の知識がなければ物事の善悪の区別もつかないのだから、知識を蓄え、それを基によく考えることも必要なことであろう。

心の問題を研究するには、生死一如というべき人生を送った武士たちの書き残した言葉を研究するのが一番よいように思える。戦国時代から江戸幕府初期の時代精神をよく表している「兵法家伝書」なる一書があるが、これは柳生新陰流の柳生但馬守宗矩が著したもので、「心が止まれば切られる」という剣の道では有名な言葉が書かれている本である。この新陰流兵法の書に、次のような歌がある。

心こそ
心まよわす
心なれ
心に心
心ゆるすな

ここで柳生但馬守は、心には二つあるとして本心と妄心に分けている。傍線を引いてあるのが本心で、引いてないのが妄心であるが、妄心とは血気なり病なりと言っている。我々の何かを食べたいとか見たいとか、その他色々な欲望がその対象に執着して氷の如くに固まってしまうと、心が止まって妄心と呼ばれるものになると言う。たしかに我々の心は物事にすぐ執着して、方円の器に従う水のような流動性を持った自由を持ち合わせていないことが多い。これが妄心とするなら、本来の心、本心とはいったい何であろうか。

柳生但馬守は、本心とは本来の面目、すなわち真我であり、人として生まれれば、「そなわりてこの身にあり」と人々が自然に持っているものであると言う。また、それは一つの所に止まらずに、すべてに伸び拡がった心でもあると言う。柳生但馬守の精神的指導者であった沢庵和尚が、但馬守に書き送った「不動智神妙録」にも、心がとらわれると切られるから、一つの物、一つの事には決してとらわれない不動智（本心）を持ちなさいと教えている。そしてこの本心にて行動すれば、兵法を含むあらゆることがうまくゆくのだが、妄心おこれば本心かくれて妄心となり、皆あしきことになると断言している。また、仏教の禅宗もこの心を伝えるものであると言う。(兵法家伝書・岩波文庫)

剣禅一如というように、日本人の精神的背景には仏教哲学が深く関与している。ましてやこれが江戸時代に手に入る唯一の哲学体系であったと思われるから、我々の文化は仏教用語に負うところが多いのは当然である。しかし、実はこれが色々と言葉の解釈を理解しにくくしているようにも思える。私の所属するゴルフ倶楽部の会員誌の題名は無心と書いてあるから、これは無心に遊ぶことを願って付けられたと思うが、昔からある無我無心という言葉と同様に、無心に遊ぶという意味も難解である。

或る哲学の教授が総合雑誌に、「私は五十年の間、哲学の教職にあったが、とうとう理性ということがわからなかった」と述べられている。この人は、自分が知らないことが解ったのだし、自分は何を知っているか(ク・セジュ)の問いにも答えたのだから、立派な哲学者の生涯であると思うが、それにしても言葉の意味を深く理解するには多くの困難がともなうものである。

無心という用語も、後の文章で少し触れることにするが、これも色々な使われ方をしているうちに理解できないようになった言葉の一つと思う。仏教哲学といっても、中国語からの翻訳がほとんどであって、本来のサンスクリット語やパーリ語からのものではなく、翻訳のまた翻訳なのだから、中国風の思想に染められてもいるし、誤訳も多かったであろうと思うのである。

この言葉の理解の困難さは、戦後になって自由平等思想が輸入されると、自由や平等の正しい言葉の意味も考えずに、人は生まれながらにして自由も平等も持っているのだと信じてしまっている人々に似ている。アメリカ人は、血と汗によって自由も平等も獲得した。アメリカ人の思想的母であるフランス人はより多くの犠牲のもとに、自由平等の意味を知ったのである。我々は残念ながら自由も平等も血と汗で戦い取ったものではないから、その深い意味を理解してないのではないかと思える点があり、自分の気ままに振る舞うのが自由であり、「同じことが平等」と思っているようだ。

人間は生まれながらにして不平等であり、誰もが不自由な存在なのだから、せめて法律によって差別されず、権力からも抑圧されない社会を作るべきであるとする「法の前の平等」「権力からの自由」が思想的な言葉の意味なのである。それを「神の前の平等」と間違えたり、「結果の平等」と思い込んだり、放埓《ほうらつ》なふるまいを自由と主張したりしている。自由も平等も、その言葉だけで独立しては存在できずに、前後に言葉があって初めて意味を成すものなのであるが、これと同じく無我無心なども、前後の文脈の中でこそ意味があるものになっているわけなのである。

以上のように歴史的背景や文脈を知らなければ、言葉の意味は良く解らないわけであるが、それに加えて意味の深さの問題もある。知るということも、聞こえた程度の知っているから、知ったからには人生が変わってしまうような深い知り方もあるわけであって、我々が理解したと言う時も、どの程度の理解なのか絶えず検証の必要があろう。歴史的知識、哲学的考察、自分の人生経験などにより人は「知る」のだから、本心の理解についても、先人たちの豊饒な智恵の流れをさかのぼって「知る」のが良いと思う。

本心の哲学的理解をより深めるには、仏教の開祖の釈尊も学んだであろうインドの最古層の哲学であるウパニシャッドを語る必要がある。ウパニシャッドの哲人は、生まれてこのかた誰にも備わっているアートマン（自己）を見出して、宇宙原理の絶対者（ブラフマン）と同一であると知ることを究極の目的としている。一言でいえば、梵我一如である。本心とはこのアートマン（本来の自己）のことであり、このアートマンを探し当てるのが人生の目的なのであるが、人間は妄心に覆われてアートマンを見失いさまよっているのである。

昔から無我無心という言葉が伝えられているが、これは我が無い、心が無いと読むのではなくて、我では無い（非我）、心では無い（非心）と解釈すべきものであって、本当の我はアートマンであり、本来の心は本心なのであって、人々の信じている「我」という思いも「心」という思いも間違いだと言う意味である。

ギリシャの哲学者ソクラテスは、「人とは身体を使役する霊魂である」と教えるが、これを借りて言えば、「人とは身体を使役する心である」とも表現できる。ソクラテスは霊魂がイデアを認識すれば善になると説くが、ウパニシャッドの哲人は、心がアートマンを認識すれば善になるのだと、同じことを教えている。古来からの宗教家や哲学者は、表現の仕方は違っても、同じ真理を説いているようだ。キリストの愛、釈迦の法（ダルマ）、ソクラテスの「無知の知」の哲学、孔子の仁はアートマンであり、ブラフマンと同義である。

我々がアートマンを認識し、ブラフマンと同一化するためには、自分を不断に訓練することによって妄心を棄《す》てなくてはならないのだが、そのための初歩的なよい方法は本心と妄心との識別知を養うことである。もちろん、言葉は空しいものでどれほど知識をかさねて研鑽しても、アートマン（自己）を発見し理解できるわけでもないが、それでも訓練を続けることによりアートマンに近づくことはできるし、ある日突然に直観的な認識によって究極に到達するものである。道元禅師は、「自己をはこびて万法を修証するを迷いとす。万法すすみて自己を修証するは悟りなり」と言った。

少年の頃より「人間とは……」「人生とは何か」の研究を心がけてきて、今になって考えてみると、これが私の生涯を通じてのテーマになったわけだが、結論的には「人間は生まれながらにして壊れている。人生とは修復の旅である」と思う。人間が壊れている証拠は、毎朝の新聞記事を読めば十分であろうが、あえて例をあげるならば、犬は犬を殺さないが人間は人間を殺す。食欲も人間以外の動物はお腹が一杯ならば、むやみに獲物を殺したりはしない。自分の生命維持の量だけで満足しているが、人間は適量でも満足しない。あるメキシコ人のように、「神よ、私から私を御守り下さい」と祈らなければならないほどの壊れようなのである。

釈尊は渇欲を、ソクラテスは無知をキーワードに、人間の心の病理学を確立した。渇欲すなわちエロ、エゴ、ナルシシズムは人間の悲しみの根であり、苦の原因であると教える。ソクラテスは自分が無知であることを知ることによって、「無知の知」と言う智恵を得るのだと言う。世間には自分は壊れていないと信じている人も多いが、その人たちの戒めのためにギリシャのアポロンの神殿に、「汝自身を知れ」と掲げられているのである。不完全なやがて死ぬ者として自覚し、自分の無知を悟った時こそ「神ならぬ死ぬべき人間としての汝自身を知れ」の意味が生きてくるのである。

我々を含めて自ら壊れている人たち、自壊者とも呼ぶべき人間たちが作りだしたこの社会が不完全なものになったのは当然のことであり、正しい人間には住みづらい愚者の楽園になっている。アテネ市民に人間の無知を説いたソクラテスは恨みを買って毒殺されてしまい、釈尊は愚者の楽園に決して近づかない出家という方法をとって人生を全《まっと》うしたが、キリストは磔《はりつけ》になり、孔子は魯国より命からがら逃げ出してやっと助かったのである。我々は彼らの時代より心の病理学を深く学んだとは言えないどころか、この現代の愚者の楽園で渇欲を満足させることが幸福であり、無知でいて何が悪いと構えているのではないだろうか。

戦後の我々は、幸福と快楽の意味を取り違えて混乱状態にあると思う。エピキュリアンと呼ばれ快楽主義の祖として、その名をとどめるギリシャのエピクロスの説く快楽は、肉体的には水と少しのパンがあれば十分であるという程度の快楽なのである。人生最大の幸福は快楽であるが、その快楽とは肉体的な享楽的な快楽ではなく、身体に苦痛のないことと魂に動揺がないことに他ならないという慎ましいものである。

また、幸福な人生をもたらすものは醒めた分別（アートマンの属性）であり、その第一歩は思慮深さ（ブラフマンの属性）であって、人々の争って求めているような権力や地位ではないのだから、幸福というものは容易に手に入るのだと言う。我々は「心の平静」こそが幸福なのに、享楽的な快楽が幸福なのだと思い込んだのである。今は敗戦後の飢餓の時代から飽食の時代になってはいるが、精神の飢餓状態は、誤解された快楽主義、間違った面白主義として、今もなお続いている。ある思想家は、人々が「何が正しいか」が分からなくなると、国家は亡ぶという。現在の日本のあちこちに、衰退の兆候を見るのは私だけであろうか。

本来の自己を探しあぐねた人々は晩年に至ると、「人生はつまらないものだ」とつぶやくものだ。人生は面白く、生きるに値するにもかかわらずである。ここに幕末の志士高杉晋作二十九歳の辞世の歌がある。彼は「生きるとは……」の問いに見事に答えたのだ。

おもしろき
ことも無き世に
面白く
すみなすものは
心なりけり

痴蛙《ソフィスト》を打て（一九九七年）

最近では友人たちと集まると、日本も危険な国になったのではないか、日本の社会も日本人も破滅に向かって進んでいるのではないかという話でもちきりである。たしかに世相をよく観察すると、危険な様相も多々あるが、かならずしも悲観一色ではなく、ある点からみれば楽観的でもあるように思える。あらゆる未来予想は当たらない。なぜならこれから十分に予防できるからということもあるが、それよりも歴史的時間は水が低きに流れるように、普遍原理に従って経過するものと思うので、そのために長期的には少しは楽観できるのだと思う。

それでは普遍原理は、どのように我々の生活を支配しているかを性悪説の図式を使って考えてみる。もし殺人者などの無法者たちを一つの島に閉じ込めて生活させるとすると、興味深いことに、現在の社会構造に似たものが出来上がるのである。無法者たちも最初のうちは昼夜をわかたず殺し合うだろうが、やがてそれなりの秩序、仲間は殺さないとか、夜は寝首をかかないとかのルールができる。

泥棒もせっかく盗んできた物を盗まれないように、なにほどかの秩序を望むようになるだろう。その秩序が法律になり、その法律を教える集会や学校が必要になるのである。もちろん法律の違犯者を取り締まる自警団もできるし、それが発展して警察になり、裁判所や刑務所も作られるわけである。

このようにたとえ凶悪な殺人者たちでもなんらかの秩序、人間の存在に必要な共通の原理がなくてはならないのであって、今も見られるあの暴走族ですら、良く観察すれば交通法規を頼りにして、暴走行為をくりかえしているのがわかるだろう。交通法規もない人里離れた原野で暴走行為は行わずに、市街地で一般市民は法律をよく守ってけっして暴走しないという前提のもとに、暴走族は暴走行為を繰り返しているのである。もしその前提が崩れれば無法者の島の状態になって、市民の自動車のほうが良く整備されていてスピードも出るし、堅牢でもあるのだから、暴走族はたちまち壊滅するだろう。

また泥棒も法律を頼りに生きているのには変わりないので、自分は泥棒として人の物を掠め取るが、一般市民は法律をよく守っていて、泥棒が掠め取って来た物を盗むことはないと信じているのである。ヤクザも前の戦争で兵隊としてずいぶん死んだのだから、平和な時代でなければ十分な悪事もできないと知っているし、この平和な世間で悪事をしながらも幸福になりたいのである。

以上のように無法者と呼ばれる人たちも、普遍原理を頼りに生活せざるを得ず、ずるい話だが大方の市民は正直で良く法律を守っているからこそ、無法者も生活できると解っているのである。

また普遍原理としての徳性の存在も重要であるが、これも悪党の仲間内のことを考えればよくわかる。彼らのうちで尊敬される人は一般市民に要求される徳性と同じで、智恵や勇気、節度などの徳性なのである。約束の時間を守らない強盗団員、誰でも殺したがる殺し屋、なんでも欲しがる窃盗団は、その徳性の低さから早晩壊滅するだろう。

このことから見て人間の社会では、たとえ無法の世界を生きる悪人でも多少の徳性がなければ、悪党の仲間内のそれなりの尊敬すら得られないということになる。この図式から解ることは、人間は誰も普遍原理から逃れることはできない、ましてや悪人は普遍原理の網の中に捕らわれて身動きできなくなるものである。

それでは、世に浮かび沈んで行く社会現象から具体例を見てみよう。ひところ女性の自立ということがずいぶん言われたが、これなども何から自立するのかよく解らない。社会から自立するのか家庭からなのか。それでは聞くが、男性も社会から家庭から自立しているとでもいうのだろうか。とても自立しているとは思えない状態ではないのか。

一部の煽動家《せんどうか》や詭弁家《きべんか》は、「自立」という発語の楽しさに酔っているとしか思えない。彼ら詭弁家の言説はまったく普遍原理の反対であって、自分の欲するままに行動することが自立であり、好きなことはいつも良いことなのである。好きなことが悪いことであったらどうするかの疑問もないし、普遍原理としての自立はむしろ「欲望からの自立」であって、欲望のままに振る舞う自立ではないのだから、当然真の自立はできないことになり、結果は知れている。この問題はまもなく自然消滅するだろうと楽観している。

　人間は基本的には無知の世界の住人であり、普遍原理になかなか気がつかずに、結局はみな井の中の蛙として暮らしてはいるのだが、それでも先の詭弁家たちは日本の将来にとって最も警戒しなければならない人間たちと思う。彼らは普遍原理は存在しないと言い立て、その場その場で耳に入りやすい、いかにも合理的に聞こえる言葉を語ればよいとする、かつてソフィストと呼ばれた人たちに属する者であり、病んだ井蛙であって痴蛙《ちあ》とも呼ぶべき人たちである。世間で一番悪い人間は、「善いことだと思って、悪いことをしている人間」である。悪人でも悪事をしているとの自覚があれば救いようがあるのだが、痴蛙は善悪の区別がつかないのである。

　この痴蛙が長期的には普遍原理に従って楽観的であってもよいはずの社会の進展を阻害し、混乱を招く最大の原因になるのだから、これと論戦しなくては、今の世相のようにますます悲観的になってしまうことは明らかである。もとより井蛙としての自分自身のなかにも痴蛙的な部分が存在して、それと日夜戦わなくてはならないし、苦戦も強いられているのだが、それだからといって外の痴蛙との論戦を止めるわけにはいかないと思う。新聞紙上を賑わす一部政治家や官僚の痴蛙としての振る舞いを読むにつけ、市民の側にも責任のあることは明らかであって、一部市民の無知に乗じて痴蛙は繁殖しているのだと思われる。

もし市民を庶民と大衆に分類できるとすれば、庶民が井蛙《いあ》であり大衆が痴蛙《ちあ》とも分類できる。庶民は自分が井の中の蛙であると知っていて、少しでも外の世界の知識を得たいと思い、知らないことに対しては畏敬の念を持って接し、いつも真実を知りたいと向上心を燃やし、節度ある態度をとる人々である。一方、大衆は井蛙の自覚はなく、わけ知りの振りをしているから、それならばと無知を指摘すると、違う問題にすり替えたり、言葉尻をとらえて、知らないのがなぜ悪いと構える人たちである。また、この世には普遍原理などはない、面白可笑《おか》しく詩歌管弦の宴に暮れて身すぎ世すぎで結構であるといって、向上心もなく徒党を組んで過ごしているのは、まさに痴蛙の特徴でもあると思われる。

それでは痴蛙としての一部の政治家や官僚は、大衆をどのように操作し、社会の発展を阻むか具体例で見てみよう。今年の春の新聞紙上に載っていたことだが、欧米先進国では高速道路はほとんど無料なのに、なぜわが国の高速道路は有料で高額なのかが問題になったとき、当局の説明に無料にすると混雑して困るからとあったが、まったく根拠のない話である。それに加えて大衆は、めったに利用しない高速道路の料金などは関心もないし関係ないと考えているから、簡単に騙《だま》せる話になっている。

よく考えれば、毎朝読む新聞も食卓に上る食材も高速道路を通るのだから、その料金が乗せてあるのに気がつくはずであるし、料金が無料になると混雑どころか適正な交通量になることも解るはずである。欧米に見られる通り無料の高速道路では、混雑が始まるとすぐに一般道に下りてしまうので、停止するほどの渋滞はめったになく、日本は料金を取るために道路を絞ってあるからこそ渋滞するのである。

以上が大衆の無知につけ込んだ痴蛙たちが、その場逃れの作り話で大衆を操作しているよい例だが、このようなことは日常茶飯事に行われていて毎朝の新聞を見るのが恐ろしいと言った人もいるほどである。日本の長期的将来に少しでも楽観的でいるためには、かつて「水に落ちた犬を打て」と教える権謀術策の時代もあったが、今では「痴蛙を打て」という時がきているのだと思う。熱狂的でしかも人間的に冷たく、理性的でない人に会ったらその人が痴蛙である。彼の手中の武器は自己利益追求の目的合理性だけであって、普遍原理は持ち合わせていない。

何回も、何回も言う、
痴蛙《ソフィスト》を打てと。

二度目の敗戦（一九九五年）

今年は敗戦から五十年の節目にあたる。日本の現状をつぶさに観察すると、国民の努力によって物質的には豊かな社会になったが、精神的にはかなり危険な社会が出現したのではないかと考えられる。精神の高みに飛翔《ひしよう》すべき社会の知識層が大衆化したため、各種共同体にも精神の低俗化が見られ、日本を動かすシステムにも、その深部に重大な損傷が生じ崩壊過程にあると思われる。

物と心の関係は常識的には、物が豊富になると心も豊かになると考えられるが、現実には常識とは反対に、まるで物と心はトレードオフの関係にあって、物が過剰になると心がすさみ、欠乏すると心が豊かになって向上心も出てくるように思える。

歴史にその名をとどめるような偉大な民族は豊かになったとき、見事な文化の花を咲かせたのだが、我が国は他国の人が憧れるようなライフスタイルや文化を作ることもできずに、現在に至っている。

何故このような社会になったか大方の論客の結論は、今の日本的システムは戦後作られたものではなく、戦時中の国家総動員令に基づく全体主義的傾向のうちに作られたもので、いったんは敗戦により滅びたかに見えたが、官僚全体主義は生き残り、統制された澱《よど》んだ社会になり、今のような民主主義でもない資本主義でもない社会が出来上がったというものである。

確かに我々の代表を国会に送り込んでも、国会は立法府と言いながら、ただ官僚の作成した法律を通過させるのみで、議員立法は非常に少なく三権分立とも言い難い。もしこれからも代議士が法律を作らず、正しい政治も行わないで、国民からの選挙による選択も受けない官僚が法律を作り政治を行うのであるならば、国民が官僚を選挙で選ぶか、最高裁判事のように悪い官僚を直接罷免ができるように工夫しなくてはならない。

経済も官僚による経済統制のため電気料、ガソリン代は欧米の二倍、三倍であるし、医療も官僚の支配下にあり、各種保険の統合等の公約も守られず、それどころか先進諸国に比べ我が国の総医療費に占める薬剤費の割合が高いので抑制すると、官僚がマスコミ操作を行っている。だが、それなら総医療費に占める技術料の割合も発表して、先進諸国の三割以下の低技術料で暮らす医療関係者の苦労も公表してもらいたいものである。

ソ連邦は崩壊し、中国もベトナムも市場経済に移行しつつある現在、日本的システムも崩壊過程にある。共産主義と共に日本のシステムが亡びるとは奇異に感じる人もあるかもしれないが、日本全国の津々浦々、どの町や村に行っても、そこで一番高く立派な建物に役人がいるのを見ると、ここは共産国かと目をみはらんばかりであり、また最近、報道の官官接待の話などを聞くと、怒りを通り越してもの悲しくなる。このような非常識を繰り返していると世界の孤児になり、国際的な異端者として取り扱われるだけだろう。

短絡を恐れずに言えば、日本的システムは世界トーナメントにおいてドイツやイタリアと共に準決勝で敗退し、決勝戦はアメリカとソ連で核戦争を回避しながら冷戦が行われ、遂にアメリカが世界トーナメントの覇者となった。結局のところ、善かれ悪しかれアングロサクソンのシステムが一番優れていることが証明されたわけだが、我々は日本的システムの欠点を反省し、この一番優れたアングロサクソンのシステムを十分に学習したかというと、残念ながら否であって、反省も学習も表面的なものに終わっている。良く研究してアングロサクソンと違った、それを凌《しの》ぐシステムを構築しなければ、次なる世界トーナメントにおいて二度目の敗戦を迎えることになるだろう。

前述したように評論界では日本的システムの誕生は戦時中としているが、どうやらもう少し根が深そうであって、むしろ明治維新に問題があったように思う。日本の近代化を急ぐあまり、ハードな技術面の取り込みを急いで欧米人を内から動かすソフト、すなわちギリシャ的なものとキリスト教的なものに関心を払わず、その研究も怠ったのは日本的システムの大きな欠点になった。欧米人以上の立派な西洋住宅や自動車を作るようになった現在でも、この欠点があるうちは、摩擦も絶えないし尊敬もされない。

また明治からこの方、少年よ、大志をいだけ、とばかり猛烈な名誉、権力、富の獲得競争に励んだのだが、少年よ、大志をいだけ、の下の句は富でも権力でもなく、ひたすら人格の完成につとめよ、というのであるから、まったく反対の方向に走ってしまったのであって、過剰な富や権力への執着は、ソクラテスやキリストが代表する欧米思想から見ると、軽蔑の対象になっているかもしれないのである。

明治維新のもう一つの欠点、もしかすると最大の欠点かも知れないのは、廃仏毀釈《きしゃく》である。わが国は聖徳太子以来の智恵である神仏混淆で暮らしてきたにもにもかかわらず、明治維新で廃仏毀釈を行い、神仏の分離をはじめ僧侶の妻帯許可などの法律によって仏教の堕落化を計った。そして、そのあげくの復古神道による祭政一致の結末は、百年たらずで悲惨な結果になったことはすでに御存知の通りである。神道は自然崇拝と我々の先祖崇拝であって、民族を越えて世界中に伝播《でんぱ》するものではない。ユダヤ教、ヒンズー教と同様で、その民族の宗教であって世界に流布する普遍的価値としてはどうしても無理がある。現在の普遍宗教は、キリスト教、イスラム教、仏教の三大宗教であって、その一つの本来の仏教を欠落させてしまった日本的システムは大きな欠点を抱えることになったのである。

よく明治の人は偉かったというが、江戸の教養を受けた人々が偉かったのであって明治生まれの明治人は一部の人たちを除いて、価値のバランスを失い、日本を敗戦に導き伝統的な精神生活を破壊した。江戸時代の人々は現在の仏教と違った本来の真正な仏教についての理解も深く、それに加えて儒教も活躍していたのであるから、現代人より豊かな精神生活をおくっていたのである。

「なぜ生きるのか、人生とは何か」に答えるのが宗教や哲学の持つ普遍原理であるから、これを失えば人は生きる目的を失う。現状は経済大国になってはみても、豊かになって一体「何をするのか」の答えも見つからず、詩歌管弦の宴に暮れてただ右往左往しているのが現実である。釈尊の「人は生まれによってバラモンではない。行為によってバラモンである」という言葉をかみ締めれば、人は生まれや学歴、地位、富によってバラモン貴族と呼ばれる者ではなく、行為によって貴族と呼ばれることが解る。我々は行為そのものを問われているのであり、行為の内容によって善き人間と呼ばれるのである。このままではアテネのディオゲネスが、白昼ランプをかかげて「人間はどこか」と探したように、昔からこの地を満たしていた伝統的な「善き日本人はどこか」と街中探すようになるだろうから、早く普遍価値を導入し、日本的システムの再構築を急がねばならない。

また、新しい日本的システムの構築にあたって文明論的アプローチも必要だろう。今隆盛なスポーツの世界を通じて考えてみても、古代オリンピックなどは神の前で演じる聖なる遊戯であって、現代のスポーツとは違ったものである。そこにおける勝利者は強いだけの勝利者ではなく、神の意志によって選ばれた者として祝福された者である。今のスポーツは神の選択ではなく、人間の力だけで勝敗が決まったとするのだから、敗者は当然、弱者、劣者になってしまって、傲慢な勝利者が出現する道を開いたことになる。

善悪の価値観ではなくて、ただ強い者が弱いもの者を打ち負かすことがそれほど立派なことには思えないにもかかわらず、派手な勝利者のジェスチャーなどを見ると、イジメの原形もこのあたりかと過剰な優越幻想を咎《とが》めたくもなる。

日本古来の武道はギリシャと同様で神仏と共にあり、剣道は剣禅一致、柔道は悪を倒し、空手道は、空手に先手なしと言って悪から身を守るために存在したのであるから、その根底に流れるものは強弱、優劣ではなく、善悪に基づく道徳律の話なのである。

マスコミによるとアメリカ合衆国は、犯罪多発国家として報道されているが、南部などに行ってみると、アメリカは宗教国家ではないかと思えるほどである。大統領の就任をバイブルに誓うことを考えても宗教立国であるわけなのだが、その方面の報道が少ないため、我々は判断を誤ることがある。欧米の人間もイスラムの人たちも、スポーツの勝利者になった時、神の恩寵であると考えている可能性があり、日本のスポーツマンだけが強弱だけの狭い驕りの世界に住んでいるのかも知れない。

人は歴史と無縁ではいられない。歴史を訪ね死者たちの言葉を聞かなくてはならない。確かにその時代は、そこで生きた人たちのものかもしれないが、そこに分け入ればこそ智恵の宝庫であって、死者たちと同じテーブルについて不易と流行の物語を聞き、対話を重ねなければならない。これこそ普遍への道だからである。
今、窓から見える遥かな奥秩父の山々も、すでに夕日が傾いて山頂付近だけが赤々と輝いている。ちょうど光っている部分が生者たちであり、その下に見える大きな黒い山塊が死者たちのようだ。生者は死者の大きな智恵の部分に乗って輝いているにすぎないのである。

死者をして、なお多くを語らせよ。
彼らの流した涙は、荒川の水より多いのだから。

「仏に逢ったら……」（一九九三年）

やくざな人間の最後のよりどころは、愛国者になることだという。国家のため、社会のためと言いくるめて、個人的な野望を満たそうとするわけであるが、最近の世間の風潮を見ると、国際協力とか国際化とか、個より全体に比重をかけた言説が多いので注意しなければならない。地球全体とか、国家または社会という概念は大いに必要であるが、概念だけが一人歩きするようになると、それは概念の病気である。人間には医学書にもない病気がいくつかあるが、この病気もまた死に至る病であるといえよう。

もう過去のことではあるが、印象的であったのは、「アジアは一つ」の言葉に従って、前途有為の多数の人々の命が、満蒙の地に消えてしまったことである。アジアの文化は、その構成諸国の数だけ存在するにもかかわらず、アジアは一つになれるのだと言い立てて、死の行進が始まったのだ。思えばアジアなる概念そのものが不明確なのだから、一つに括《くく》ってしまえば概念だけがひとり歩きを始めてしまい、混迷に陥るのは明らかであった。

昔から我が国の地理学の名称には、少し疑問があって、一例を上げれば、イラン、イラク、サウジアラビアなどを中近東諸国と呼んでいるが、たしかにヨーロッパから見れば、それらの国は近い東洋であって、中近東でよいが、わが国から見れば、もっとも遠い東洋、遠東または極東ではないのか。日本からの中近東諸国とは、韓国や中国なのだから、ヨーロッパの地理学書を鵜呑みに直訳し、日本人の概念構成を誤ったのは明らかである。急いで正しい概念構成を行って、新しい地政学を構築すべきであると思う。

現在みられる概念の病気、概念構成を誤ったり、一人歩きをさせた結果としての病気で一番気になるのは、国際化という問題である。このところ毎日のように、やれ国際協力とか国際化しろとか、マスコミはにぎやかなことであるが、この場合の国際とは何を指すのか、意味不明である。発言者の、それぞれの思惑に従って述べられているのだろうが、不明確な概念を基礎にして発言されても支離滅裂になるだけであるから、少し整理すると、まず考えられるのは、国際化とは欧米先進諸国と価値観や行動を共にすることであり、二番目は、地球規模の国連中心の行動をとるということであろう。

ここで危険なのは、欧米先進諸国は一つであり、国連もまた一つであるとする考えであって、このことはアジアは一つとした過去の誤謬のくり返しであると思われる。欧米先進国といっても、その構成諸国の数だけ価値観もあるし、国連は各種の欲望の渦巻く多様な価値観を持った集合体であって、簡単に国際の概念で括《くく》るのは危険であり、やはり具体的にどの国と協力していくのか、どの国の価値観を支持するかを明示すべきであろう。いくら、曖昧、なしくずしに事を運ぶのが我が国のお家芸としても、それでは当面の摩擦が回避できるだけで、やがてより大きな衝突に向かうのだから、概念をはっきり決めて、決して病むことなく事に対処しなくてはならないと思う。

ところで曖昧で思い出すのは、もう古い話になるが、期待される人間像というのがあった。これは時の政府が、バレーの選手などを期待される人間像として表彰したのだが、誰に期待されるのか、言葉がはっきりしないため、天下の失笑を買ったと言われたことである。夫として父として、家庭で期待されるのと、国から期待されるのでは、人間像が違ってくるのは当然で、誰にどのように期待されるのか、概念を明確化しなければ笑われるわけである。

今でも近在に行くと、仏壇の上に若い兵隊の写真が飾ってあって、時に飛行兵の制服であったり水兵であったりの違いはあるが、子供さんの写真ですね、と尋ねてみれば、夫です、と複雑な顔で、眼前の老婆が答えてくれる。あらためてあたりを見ると、御近所よりも貧乏暮し。こんなことが幾度かあると、立場によって期待される人間像も、いろいろであると考えさせられる。

人間は現実を概念化して認識するため、大きな落とし穴に入ることもある。たとえば、総理大臣は威信と尊敬の集まる地位ではあるが、狸が総理大臣になっても、やはり狸でいるよりしかたがないのだが、なぜか時が経つうちに狸を仰ぎ見るようになる。オリンピックに優勝しても、たとえノーベル賞を貰っても、狐ならば、あくまでも狐である。せっかく最高学府を出ても、庶民の味方になるどころか、人々を隷属させる楽しみに耽《ふけ》っている人のいることは新聞紙上で見る通りだ。子供の頃より優秀と周囲からも大事にされて、その出世した姿を見れば、狼であったとは情けない。地位や最高学府などの立派な名称や形にだまされれば、もはや立派な病気である。

ボランティアなども立派な言葉であるが、最近は嫌われ者のボランティアが問題になっている。善意という美しい靴を履いた人々が土足で他人の世界にあがりこむわけだ。それぞれの人の価値観を尊重するのがボランティアの第一歩なのだが、善意と思い込んでいるエゴで、困っている人をまたも困らすことになる。地獄への道は善意によって敷き詰められているともいうが、もっともなことである。良いことをしているつもりで悪いことをしている人間が、一番悪い人間だと思う。

名称や形態にこだわるな、「仏に逢ったら、仏を殺せ」と言ったのは、千百年前の臨済和尚である。出家して解脱を望むからには、決して自分の外に仏を求めるな、自分自身の心の在り様こそ仏への道なのだから、外からやって来るものは、仏の名でも惑わされてはならないと喝破したわけである。仏の概念にこだわれば、仏は理解できないし、また他の何かに執着してしまって、それを金科玉条とすれば、新しい地平を切り開くこともできないのだ。

戦後、廃墟の中で経済的発展を金科玉条として努力し、経済大国となった今、眼の前に広がる風景は、残念ながら、まるで精神の荒野である。手段であるはずの経済を目的としてしまったために、多くのものを失ったのである。自由も平等も平和すら手段であって目的では在り得ない。自由で平等、平和な時代のただ中で、いったい何をするのか。この質問にはっきり答える、その答えの中身が人生の、そして国家の目的なのである。現在は生活大国を目指すと言われているが、経済的に豊かになり、生活環境が充実することが人生の目的ではなく、その生活において、「何をしてより善く生きるか」が、我々の目的なのである。

この後に続く幸福論は次回に譲るとして、最後に一つだけ言わせてもらうと、戦後の日本人は幸福を快楽と取り替えたと言われている。そのためか、アジア内の幸福度調査によると、日本人の幸福感は上から八番目で台湾の次である。物だけ豊富で、幸せでない人物象が浮かび上がってくるではないか。我々は何を間違えたかは明らかである。

概念の病《やまい》、言葉の罠に注意せよ、
それは人生を呪縛する。

風の行方（一九九二年）

年齢も還暦近くなると、先人たちに色々のことを教えてもらって、なにかと智恵がつくものである。その中の一つに、老後を楽しく過ごすには「少年の心と、大人の財布」というのがあった。純真な遊び心と、お金の一杯詰まった財布を持てというのだが、これがなかなか難しい。御存知のように人生とは皮肉なもので、少年の心だけでは財布は一杯にならないし、苦労して財布が一杯になった頃には少年の心を失っているという寸法だ。それではどう考えたら良いかというと、この言葉はあくまで理想であるから、遊びにも仕事にも片寄ることなくバランスをとって自由に生きなさいと解釈している。

福祉元年といわれた頃、流行《はや》った話で今も密かに語り継がれているイソップ物語の「アリとキリギリスのその後」という話がある。

「夏中、遊んで暮らしたキリギリスも、いざ冬になってしまうと、寒さと飢えで困ってしまいました。このとき思い出したのが、夏の間、一生懸命に働いていたアリさんのことでした。ひとつアリさんのところへ行って食べ物を分けてもらおうと思い、尋ねて行ってその穴の中を覗《のぞ》いて見ると、全員が過労で死んでいました。それを見たキリギリスは、有り余る食べ物を前にしてまた毎日、楽しく遊び暮らしましたとさ」

日本人は働き過ぎなので、勤勉なアリも時には怠け者のキリギリスに負けることもあるのだと、この話が作られたわけだが、実際の社会ではせめてアリギリスになって、これもバランスよく暮らしなさいと教えているのだと思う。

こんな小話もある。

東南アジアのこと、日本人の商社員が日夜あまりによく働くので現地の人が不思議に思って、

現地人「なにが目的で、そんなに働くのか」

商社員「この辺の風光明媚の地に、立派な家を建てるつもり」

現地人「その家に住んで、なにをするのか」

商社員「ハンモックでも吊って、昼寝でもしながら一日暮らそうと思う」

現地人「それなら私は昔からやっていることだ」

しばらく考える間を置いてから、疑わしそうに、

働き中毒の日本人は、「なぜ働くのか」という、理想としての目的を忘れてしまい、働くために働く自動症に成り果てたのかもしれない。我々が、このように平衡感覚を失ったのは、バ

ランスの支点である普遍的価値を忘却したからであり、明治維新からこの方、価値らしい価値を見出すことができずに暮らしているのだ。

明治の人間が偉かったというのは、江戸時代の教養を受けた人々、すなわち儒教・神道・仏教の普遍的価値を平衡の支点にしていた江戸生まれの人々が偉かったのであって、明治生まれの明治人は、一部の人たちを除いてバランスを失い、日本を敗戦に導き、その精神生活を破壊してしまった。いまはまだ明治維新の評価は高いが、時間が経つにつれ懐疑的な意見が多くなると思われる。それはまさに、この支点の消失が重要な問題であって、「近代の超克」もこの点に関わるものと思われるからだ。

それでも敗戦前は、普遍なるものの残滓《ざんし》があったので、それなりに庶民の生活を律してはいた。しかし戦後は廃墟の中で、食うや食わずのために経済をその支点に据えて、そのまま現在に至ってしまった。手段であるはずの経済を目的とした時に起こる混乱が、この眼前の精神の荒野を作り出したのである。大衆を教え導く知識層が、自ら大衆化してしまい、無知と無恥とを鞭として、庶民の普遍的価値への願望を打ち砕いたのである。

知識人とは真・善・美の使徒として、それを庶民に物語る、語り部ではなかったのか。語り部を失った庶民は方向感覚をなくし、人生の意味を問われても、その善良な顔で力なく笑うだけだ。いまとなっては、庶民の生《せい》を活き活きとさせる正義や勇気、人々の愛の物語は、どこを探せばみつかるというのか。そして真・善・美を物語ることによって生まれるはずの精神文化は、いったい何処に見られるのか。

この国の首都に立って見れば、明治以来の物質的な文明開化は確かに成就したけれど、精神文化らしきものは、どこにも見当たらない。眼前にあるのは都庁などの高層ビルが、騒音と塵埃の中に、バブルの塔としてそびえ立ち、その回りをビル風とやらの利潤追求だけの空虚な風が吹きすさんでいるだけである。我々の精神文化を運ぶべき、風の行方を誰も知らないとは情けない話だ。この状況を進歩発展というのは、よほど楽観的な人であり、文化という背骨を失った無脊椎動物は生きながらの腐敗を迎えることになるであろう。

戦後、人は幸福と快楽をすり替えたといわれるが、もし快楽を普遍的価値として、そのバランスの支点にしたのならば、我々の前に広がる光景は欲望の無限連鎖の地獄であり、倦怠と焦燥の輪廻である。真・善・美と共に暮らす幸福を目的にするのでなければ、人は、そして社会も、虚無に向かって行くことになるのは明らかである。

物質的繁栄は手段にはなりえても、目的にはなりえない。どれほどの高価な絵画を手にいれて部屋に飾っても、それは文化財であり文化遺産であって、精神的な文化的生活ではないのと同様である。政治や経済も、あくまで手段であって目的ではない。自由も平等も、それに平和な豊かな時代を築くのも、あくまで手段であって目的ではなく、「貴方は、豊かな平和な時代のただ中で、何をするのか」と言う問いかけに、はっきりと答える、真・善・美にそった「意志と行動」そのものが目的なのだ。たとえ手段を目的化して平衡の支点にしても、幸福になれるはずもなく、ただひたすら快楽追求の幻想の世界の住人になるだけだろう。

お金の専門家にすぎない一部の経済人が、世の中を指導するが如き発言を繰り返している。「お金が人生の目的になった人」と庶民が理解しているのならば、何を言っても効果はないだろう。それにしても、人生の、心の専門家である哲学者、宗教学者の声が小さいのは非常に残念なことである。

人々の努力によって、十分な物質的繁栄を遂げた現在、いまこそ平衡の支点である真・善・美を凝視し、より強固なものにしなければならない。もしこれに失敗するならば、我々の眼前に広がる心の風景は、アメニティと呼ばれる限りなく明るい病室に閉じ込められて、安全という名の甘い薬による、緩慢な自殺をする人たちの群れである。真・善・美にこだわる危険をあえて引き受けてこそ、活き活きとした人生になるというものだ。

窓から見える地平線の彼方に吹く風は、危険ではあるが自由な風である。どうか窓を大きく開けて、室内の管理された虚無の風と入れ替えなくてはならない。いよいよバランスを回復する時が来たと思うのだが。


文化を運ぶ風の行方を、誰も知らないとは。

やがて物質文明をも、滅ぼすことになるだろう。

喜劇、それとも悲劇（一九九一年）

澱《よど》みきった社会だが、それでも内部が腐敗してガス化し、ブクブクと表面を騒がすこともある。この五月に経済界の代表が、「政治家には哲学がない」と非難したのを受けて、一部の政治家がそれでは公開討論会を開こうと申し入れたら、経済界が謝ったという茶番劇があった。政治家に哲学があるのかないのか、はたまた経済人にどんな哲学があるのか、討論会を楽しみにしていたやじ馬には、中止は残念なことであったが、それにしても結論は最初からわかっていたのである。

我々庶民の日常会話、それも少し強い言葉で言わせてもらえば、「たかだか金儲《もう》けのうまいだけの人間」が、社会を指導するような哲学発言をしてもよいのかと思うわけであり、権力、富、名声などを懐疑的な態度で凝視するのが哲学の面目であるから、一部の政治家、経済人を除いて最初から哲学といえるものは政界にも経済界にもなかったのである。

敗戦になって、もうそろそろ五十年になろうとするのに、哲学どころか政治、経済はかなり怪しげなものになった。以前このページをかりて、日本は本当に資本主義の国なのか疑問であると書いたことがあるので詳しくは述べないが、一度でも会社の株を買って株主になった人は、株主という者がどれほど冷遇されているか、よく判っているはずである。生命保険会社に株を預けたり、会社どうしで相互株を持ち合って資本の論理が通らないようにしてしまった結果、会社は一部社員の恣意的な活動に任せ、やりたい放題になった。世間の倫理を反映させる唯一の機関である株主総会までも換骨奪胎した今となっては、新聞の三面記事を賑やかすのも当然で、これからも企業の倫理的破産が続いて起こるはずである。

経済学では、お金は価値の尺度と決めているから、利益こそ最高善と思う経済人がいても驚きはしないが、社内の講演会なども利益につながる話ばかりでなく、たまには、それこそ哲学者でも呼んで、「近代産業がいかに家庭崩壊を進めたか」というテーマなどで講演してもらったらよいと思う。

卑近な例であるが、会社の保険証ひとつとっても、本人と家族に分けられ負担金において逆差別されているのは世間の常識と反対であり、庶民の感覚では鉄道の学生割引とか、映画館の六十歳以上割引とか、家族的な存在は手厚く保護すべき者なのである。効率から言えば独身者、単身者こそ歓迎されるわけだが、労務管理のうまさこそ出生率の低下であり、巧妙な管理を嫌ってフリーターが誕生したことを思えば、企業自身がおのれの首をしめていることになるのである。

哲学がないと言われている政界はどうかというと、これがよく知られているように民主主義国家とはいえない状況である。一生懸命に選挙で代表を選んで、中央政界に送り込んでも、派閥というブラックホールに飲み込まれて、数人のボスたちに口封じをされてしまう始末であり、議会も立法府とは名ばかりで、行政府の官僚が書き上げた法案の通過儀礼の場になってしまった。議員立法の少なさを思えば、三権分立どころか二権分立であり、もし司法も行政のうちと考えれば、行政の一権独裁であり、顔のない独裁者である官僚の支配する全体主義国家の危険すらあるのである。

アメリカ議会のように、我が国も議会直属の立法機関をもって官僚の支配から逃れなければならない状況にある。早く派閥の解消を行って、議員それぞれの信条に従った民主的な行動が望まれるのである。

アメリカあたりから、日本には知識人はいないと言われているようだが、知識人とは、たとえ自分に不利になっても真実を語る人であってみれば、確かにその存在は少ないようである。たとえば新聞記者の犯罪は、めったに新聞紙上に載《の》らないのだから皆で口にチャックをしていて、真実を語ることで庶民の味方になってくれるはずの知識人ではないのである。お金にこだわって経済人になった人から哲学がないと非難された政治家も、権力や名誉を望んで政治の道に入ったのであるから、哲学とは程遠い話であり、せめて真の知識人を目指してもらいたいものである。

先の都知事選挙では、バブルの塔である新都庁が問題になったが、日本の「現代の王様は誰か」と言う問いに答えを出したようである。先進諸国の首都で一番高い建物に官僚がいて、あたりを睥睨《へいげい》しているなどと聞いたことはない。わが国では地方都市へいっても、その街で一番立派な高い建物にはいつも官僚がいるのであるから、この共産国家にしか見られない状態を見せられると、民主主義は未だ成らずの感をぬぐえないのである。欧米の都市の空高く教会がそびえているように、わが国の空にも一番高く見えるのは、昔は神社仏閣の屋根であった。俗なるものより聖なるもの、知性より徳性の輝いていた頃が、現在の人心荒廃を見ると懐かしく思えるのである。

新都庁は税金で建てたのではないと強弁もしているが、土地その他の都有財産の値上がり益で建てたとしても、物価上昇は見えない税金であることを思い出してもらいたいのである。バブルの犯人は銀行であるといわれるが、その銀行に金を貸しているのは日銀であるし、その気があれば政令ひとつで土地のバブル化を防げたのも知事の権限なのであるから、「泥棒を捕まえてみれば、我が子なり」というところである。

官僚主義が全部悪いとは思わないし、ヤクザまがいの金バッチを付けた傲慢な派閥のボスよりよいかもしれないのである。封建主義や独裁主義をやっとの思いで通り抜けて、今の官僚大事、国民迷惑にたどり着いたのだとも思う。権力も全部悪いのではなく、権力がかならず腐敗するとしても、必要であることはよく解っているのである。

庶民が問題にしているのは、政財界や官界に哲学が有るか無いかではなく、根本問題はその権力のありようであり、まともな人間がその権力を行使しているのかということなのである。自分の利益中心の利巧な人より、庶民の常識を持った賢い人を指導者にしているのかということなのである。

茶番劇も、最初おかしくて、
やがて悲しいものでした。

おわりに

半世紀以上も前の話になるが、小学生の頃、学校の講演会に出席した帰り道で、今日の話は良かったと話したら、高等小学校、今で言うなら中学校二年の兄貴分の悪友が「お前は馬鹿だな、ああ言う話の後には、必ず、それにつけても金の欲しさよとくっつけろ」と話したのである。これを聞いてずいぶんびっくりして考え込んでしまった。今にして思えば、親父さんあたりの話の受け売りだったのだろうが、それでも、このことが契機になって人間や世間を考えるようになった。

その後、成長するに従い哲学書なども読むようになったが、御存知のように難解な言葉の遊びの哲学が多く、人生の本当の生活に役立つものは少なかった。悪友も生きていれば八十歳を越えているだろうが、彼の人生は「それにつけても金の欲しさよ」だったのかどうか、会って聞いてみたいものである。案外、お前の言うように真・善・美を見つけたよと話してくれるのではないだろうか。

心から　生きたなら
もう　それだけで
貴方は　何者かである